Алексей Бетмакаев
Ирина Юдина

Асимметричная глобализация

Алексей Бетмакаев
Ирина Юдина

Асимметричная глобализация

Международные финансовые отношения в условиях нестабильности

Dictus Publishing

Imprint

Cover image: www.ingimage.com

Publisher:
Dictus Publishing
is a trademark of
Dodo Books Indian Ocean Ltd., member of the OmniScriptum S.R.L Publishing group
str. A.Russo 15, of. 61, Chisinau-2068, Republic of Moldova Europe
Printed at: see last page
ISBN: 978-3-8473-8786-2

ВВЕДЕНИЕ

Более двух десятилетий – после краха мирового коммунизма – глобализация определяет сущность процессов, происходящих в системе международных отношений. Она является воплощением таких процессов, как слияние национальных экономик в мировую экономику, основанную на либерализации потоках движения товаров и капитала и информационных технологиях, на новых видов транспорта и связи и т.д.

Говоря о глобализации, выделяют 2 основных вида: реальную (экономическую) глобализацию и финансовую глобализацию[1].

Финансовая глобализация — глобальная интеграция рынков капитала — заметно ускорилась с начала 1990-х гг. из-за быстрого одновременного увеличения иностранных активов и обязательств многих стран. Темпы роста активов были выше в 3 раза в сравнении с ростом ВВП. Финансовая глобализация способствовала международной торговле

[1] См. подробнее: Huwart J.-Y., Verdier L.V. Economic Globalisation: Origins and Consequences. Paris, 2013.

в расширяющемся разнообразии финансовых инструментов посредством уменьшения операционных затрат. Финансовая либерализация сыграла главную роль с начала 1970-х гг., когда текущая эра финансовой глобализации началась после длительного периода финансовой нестабильности[2].

Помимо финансовых рынков, глобализация глубоко затронула рынки товаров и услуг, что привело в начале XXI в. к ситуации, когда доля торговли в мировом ВВП превысила 50% (в 1970-е гг. – приблизительно 20%). Широкое сокращение издержек глобальной торговли, включая уменьшение транспортных и логистических расходов, и снижение торговых барьеров, в т.ч. и тарифов, были ключевыми движущими силами реальной глобализации.

Оценивая достижения глобализации, эксперты МВФ в середине 2000-х гг. оптимистично отмечали, что реальная и финансовая глобализация имеют тенденцию стимулировать друг друга: рост торговли, например, имеет тенденцию ускорению движения капитала[3].

Но 15 сентября 2008 г. финансовый мир изменился до неузнаваемости: крах американского банка Lehman Brothers стало спусковым крючком глобального финансового кризиса – кризиса современного этапа глобализации.

Размах финансового кризиса 2008 года не имеет прецедента с 1945 г. Совокупный ВВП стран ОЭСР упал на 4,5% в течение второго полугодия 2008 года[4]. Кризис возник на рынке недвижимости США, и взаимодействие между рынком недвижимости и финансовым сектором было одним из основных триггеров финансового кризиса. Ухудшившиеся балансы финансовых учреждений и кризис доверия между ними привели к беспрецедентному замораживанию межбанковского кредитования и введению более жестких условий кредитования. Рост стоимости заимствований и

---

[2] См.: Das D.K. Financial Globalization: Growth, Integration, Innovation, and Crisis. New York, 2010. P.1–67.

[3] См.: World Economic Outlook: Globalization and External Imbalances. April 2005. P.111. URL: http://www.imf.org/external/pubs/ft/weo/2005/01/pdf/chapter3.pdf.

[4] National Intellectual Capital and the Financial Crisis in France, Germany, Ireland, and the United Kingdom / ed. by C. Yeh-Yun Lin, L. Edvinsson, J. Chen and T. Beding. New York, 2013. P. 7.

широкое распространение опасений о возможном системном коллапсе побудили потребителей сократить расходы предприятий с целью экономии капиталов. Падение спроса в сочетании с сокращением запасов компаний спровоцировало резкий спад мировой торговли. С сентября 2008 г. по февраль 2009 г. объем мировой торговли сократился почти на 20% – более быстрыми темпами, чем после краха фондового рынка в 2009 году[5].

Таким образом, мировой финансовый кризис повлек за собой наступление глобальной «великой рецессии»[6] и, тем самым, продемонстрировал асимметричность глобализации.

В данной книге мы проанализируем одну из сторон глобализации – финансовую, полагая, что дисбалансы и нестабильность в международных финансовых отношениях влекут за собой нарушение равновесия в глобальной экономике.

Признавая, что проблема эффектов финансовой глобализации остается ключевой как в современной системе международных отношений в целом, так и в развитии отдельных стран, мы уделим внимание, главным образом, политике правительства и финансовых властей США, поскольку американский фактор оказывает определяющее значение на всю систему. И это – еще один довод в пользу нашего тезиса об асимметричности глобализации.

---

[5] Ministry of the economy, finance and industry, France. Why has France withstood the global economic crisis comparatively well? October 2009. URL: http://www.tresor.bercy.gouv.fr/france_politique_eco/fpe1009_en.pdf.

[6] См. подробнее: Joyce J.P. The IMF and Global Financial Crises: Phoenix Rising? New York, 2013. P. 153–161.

ГЛАВА 1. ДРАЙВЕРЫ ЭКОНОМИЧЕСКОЙ И ФИНАНСОВОЙ ГЛОБАЛИЗАЦИИ И ГЛОБАЛЬНЫЕ НЕСООТВЕТСТВИЯ

Среди основных драйверов глобализации, ускорившие её приближение, а также сыгравшие в свое время важнейшую роль в развертывании промышленной революции XIX в. – это деньги, организация производства и технологии.

С начала 1980-гг. эти три института преодолели национальные границы и стали поистине глобальными.

Они стали движущей силой глобализации и оказывали влияние на экономическую и внешнюю политику государств.

Они же привели к падению железного занавеса, положили конец холодной войне, разрушили СССР, а также внесли изменения в коммунистическую идеологию и приведшие к появлению целой плеяды стран с формирующимися рынками, совершившими разворот к рыночной экономике и явившему миру феномен экономического чуда XXI в.

Экономические силы глобализации

Теперь остановимся на тех объективных процессах, которые сделали мир более глобальным. Начнем с денежных факторов. Современные деньги – это уже не монеты и бумажные купюры образца XIX в. – начала XX в. Это, в основном, цифровые деньги. Они очень мобильны и перемещаются по всему миру со скоростью света. Технологически или виртуально невозможно ограничить глобальную подвижность денег. Однако некоторые страны (развивающиеся экономики) вводят ограничения на притоки/оттоки денег из-за уязвимости их финансовых рынков перед глобальной конкуренцией. Но в большинстве развитых экономик деньги перемещаются свободно без какого-либо регулирования, пересекая границы, а ускорение денежных потоков происходит благодаря цифровым технологиям.

Центральные банки в рамках своих национальных юрисдикций обязывают свои подотчетные коммерческие банки выполнять резервные требования и требования по капиталу. Без такого регулирования было бы невозможно обеспечить контроль за денежной массой, поскольку большую часть денег создают коммерческие банки посредством механизма кредитно-депозитной мультипликации.

Помимо национальных денежных систем, существуют офшорные банковские центры (сформировались в основном в островных государствах), где практически отсутствует регулирование банковской деятельности. За три с половиной десятилетия бурной глобализации офшорные деньги (евродолларовые / евровалютные депозиты), известные как «теневая банковская система», росли феноменальными темпами. Банк международных расчетов (БМР) оценил её величину порядком 27 трлн долл. в 2008 г.

Деньги не признают национальных границ. Тоже относится к организации производства. Растущие предприятия стремятся к глобальному захвату новых рынков, улучшению логистики, использованию преимуществ аутсорсинга. Они перемещают производство за границу в стремлении достигнуть экономии за счет расширения рыночного охвата, объемов производства и маркетинга.

Корпоративная организация с ограниченной ответственностью и быстрой передачей прав собственности путем размещения и обращения акций на фондовых рынках (так называемая «демократия рынков») революционизировала бизнес на благо экономического роста во всем мире. Даже коммунистические режимы отказались от тоталитарной модели производства в пользу корпоративной модели с его ликвидными фондовыми рынками. Корпоративные организации больше не являются региональными или национальными, они по природе своей глобальные с глобальным размещением производства.

То же относится и к технологиям. В открытом и связанном мире трансфер технологий обеспечивает быстрый технический прогресс в разных странах. Интернет и средства телекоммуникации сделали знания и информацию доступными для всех с минимальными затратами, быстрым поиском и её распространением. Следовательно, Земной шар в экономическом отношении уже не огромен и не широк и в нем нет дальних стран; он уплотнился и стал маленьким благодаря объединенным телекоммуникационной сетью (денежным) рынкам. Ибо расходы на преодоление пространства и необходимое для этого время минимальны, их можно просто не принимать в расчет.

Даже метафорически мир не является плоским, хотя он сглаживается под влиянием сил глобализации. Фактически его разнообразие (экономическое, социальное, культурное и политическое) такое огромное, что нужно обладать полетом фантазии, чтобы заявить, что мир плоский. Мир остается гетерогенным с кричащим неравенством: процветание в одних местах и нищета в других делает мир далеко не плоским. За последние десятилетия различия между нациями стираются, но, в тоже время, растет экономическое неравенство во всех странах. Это парадоксально, но это подтверждается фактами и цифрами.

Природное и географическое разнообразие различных регионов мира настолько специфическое, что они узнаваемы по своим уникальным характеристикам. Помимо природного разнообразия, мир – это лоскутное одеяло из разных государств, разделенных политическими границами. Политики отдельных государств и мировое сообщество по-разному реагируют на эти силы: от неприятия до восхваления. Рассмотрим положительные стороны экономической глобализации.

Под влиянием развития технологий, торговли и инвестиций крупные и малые экономики извлекают выгоды. Отмена ограничений на экономический обмен позволяет им расти более высокими темпами, повышать эффективность и более равномерно распределять выгоды глобализации.

Глобализация была обусловлена многими экономическими факторами:

1. Процесс накопления капитала в развитых странах привел к падению отдачи от капитала до неприемлемых для бизнеса уровней. Ограниченные возможности для инвестирования и замедление темпов потребления как главных стимулов для экономического роста в развитых экономиках, привели к тому, что они стали терять свой динамизм.

2. Избыток мощностей в обрабатывающих отраслях вынудил сокращать производство, принося в жертву эффект масштаба.

3. Различия в издержках в высоко интенсивных по трудозатратам отраслях сильно расширились между развитыми и развивающимися экономиками и продолжает расширяться (соотношения между трудом и капиталом). Развивающиеся экономики получили сравнительное преимущество в трудозатратных отраслях (товары потребления).

4. Низкая доходность и вялость фондовых рынков в развитых экономиках и высокая доходность и динамичный рынок в развивающихся экономиках выявили растущее несоответствие между спросом и предложением капитала между ними и создали потенциал для его перемещения.

5. Массивный поток акционерного и ссудного капитала привел к росту доходности на глобальных рынках капитала.

6. Вместе с трансфером капитала перемещались и технологии при создании производственных мощностей в развивающихся экономиках в тех отраслях, где они имели сравнительные преимущества. Именно этот процесс подстегнул глобализацию.

7. Развитые экономики переориентировались на импорт дешевых продуктов, а развивающиеся экономики стали развиваться за счет роста экспорта товаров и услуг, а также импорта частного капитала.

8. Положительный эффект глобализации проявился в поддержании высокого роста, низкой инфляции в обоих группах стран, более эффективном распределении ресурсов и повышении доходности на рынках капитала.

Философия глобализации как стратегии развития в постбреттон-вудский период – переход к плавающим валютным курсам – обязана своим происхождением политикам из Министерства финансов США в Вашингтоне, экономистам из Всемирного Банка (World Bank) и гуру с Wall Street. Модель 3 W (Washington – World Bank – Wall Street), известная как Вашингтонский консенсус, берет начало в 1980-е гг. и делает ставку в развитии на инвестиции и акционерный капитал[7].

Несмотря на то, что существует множество исследований о значении иностранного капитала (прямых и портфельных инвестиций) в качестве катализатора роста в развивающихся экономиках, эта форма финансирования никогда не доминировала на более ранних стадиях развития.

Новый канал передачи ресурсов хорошо согласовывался с философией экономической либерализма и глобализации, нацеленной на отмену ограничений на внешнюю торговлю и инвестиции. Преобладающей причиной глобализации была экономическая ситуация в развитых экономиках, у которых была избыточная производственная мощность, высокие затраты труда и вялый совокупный спрос. Снижение нормы прибыли на капитал, избыточные сбережения и инвестиционные ресурсы искали прибыльного вложения.

Поиск нового канала для передачи ресурсов опирался на теорию инвестиций и эмпирические результаты по диверсификации портфеля и перехода на более высокую границу инвестиционных возможностей, обеспечивающий большую доходность с меньшим риском. Теория Марковица по диверсификации портфеля хотя и была опубликована в 1952 г., получила признание среди большего числа институциональных инвесторов в конце 1970-х гг.

В 1979 г. министерство труда США, которое до этого ограничивало инвестиции для институциональных инвесторов (пенсионных фондов), разрешило вкладываться в акции, исходя из логики диверсификации риска. Это стало хорошим импульсом для оживления фондового рынка.

---

[7] Дж. Вильямсон ввел термин «вашингтонский консенсус», обращаясь, главным образом, к политике реформ в странах с формирующимися рынками. См.: Williamson J. A Short History of the Washington Consensus // The Washington Consensus Reconsidered: Towards a New Global Governance. Oxford, 2008.

Принцип диверсификации портфельных инвестиций на международном уровне вписывался в логику развития процесса глобализации. Доходность капитала в развивающихся странах была намного выше, чем в развитых экономиках.

Портфельные инвестиции институциональных инвесторов были взаимовыгодны для обоих групп стран. Прямые инвестиции мультинациональных компаний были центральным звеном глобализации, которые дополняли портфельные инвестиции. Новая экономическая политика проводилась под флагом либерализации, приватизации и глобализации, т. е., отменялись барьеры в международной торговле и движении капитала, происходило дерегулирование в промышленности, в банковском и финансовом секторах, приватизация госкомпаний.

Эти изменения не были косметическими. Возникала эра передачи ресурсов в экономики с формирующимися рынками (СФР), что меняло философию развития и стало главной особенностью глобализации последней четверти XX в.

Таблица 1
Глобальные валютные резервы, в млрд долл. США (по состоянию на март)

	2000 г.	2012
Всего резервов, в т.ч. долларовые	1809 1000	10421 3548
Развитые экономики, в т.ч. долларовые	1131 720	3437 1999
Развивающиеся экономики, в т.ч., долларовые	678 280	6984 1548

Источник: Данные МВФ. URL: http://www.imf.org/external/np/sta/cofer/eng/index.htm.

Финансовая глобализация и её последствия

Глобализация вызвала драматическую трансформацию финансовых потоков: развивающиеся рынки росли в 2–3 раза быстрее развитых рынков. Мотором роста в развивающихся экономиках был не только экспортный сектор, но и чистые притоки прямых и портфельных инвестиций, а также импорт технологий из развитых стран. Это привело к росту нормы инвестирования и производительности труда. В структуре глобальных

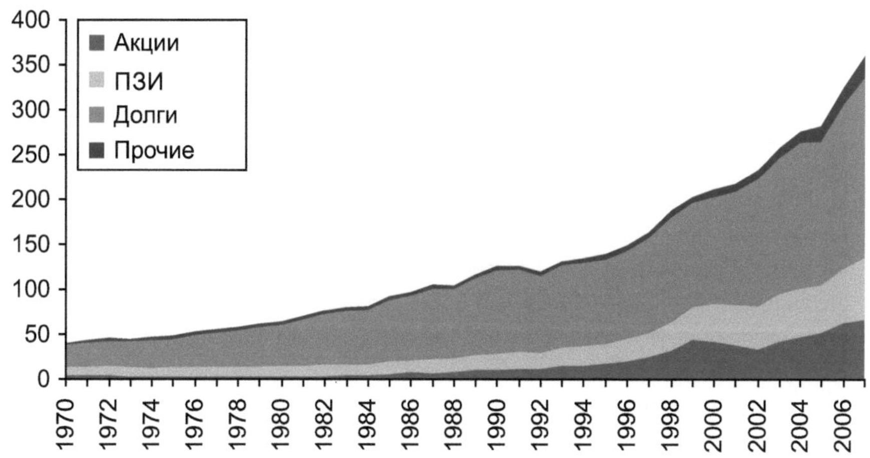

Рисунок 1. Финансовая глобализация (глобальные совокупные активы и обязательства, в % ВВП мира)

Источник: Elson R.A. Governing Global Finance: The Evolution and Reform of the International Financial Architecture. New York, 2011. P.12.

платежей также произошли сдвиги: у стран СФР появились излишки платежного баланса. Несмотря на то, что их валюты укреплялись, они накапливали валютные резервы в запасах центральных банков. За последнее десятилетие глобализации (2000–2012 гг.), этот рост был значительным (табл.1 и рис.1).

Валютные резервы в глобальном масштабе выросли с 1,8 трлн долл. в 2000 г. до 10,4 трлн долл. в марте 2012 г., ежегодный рост составил 40%. Доля СФР в глобальных резервах за этот период возросла с 37 до 67% (на эти страны приходилось ¾ совокупного роста). Валютный состав этих резервов показывает преобладание американского доллара (62%). Резервы стран СФР выросли с 678 млрд долл. в 2000 г. до 6984 млрд в 2012 г., (ежегодный рост 71%). Причем совокупных резервов содержится в американских долларах. Это привело к росту совокупной ликвидности в этих экономиках. Также наблюдался приток капитала и рост ликвидности в США и на банковских евродолларовых депозитах в офшорных центрах (Вставка 1).

ВСТАВКА 1

Офшорные доллары: становление параллельной банковской и долларовой системы

Феномен быстрого роста офшорных долларовых депозитов привел к созданию параллельного банковского сектора вне юрисдикции стран, чья величина соответствует официальной банковской системе под контролем ФРС США. И это вызывает определенное беспокойство среди центральных банков основных стран, особенно ФРС, поскольку эта теневая банковская система никем не регулируется.

Причем глобально в этой теневой системе доминирует евродолларовые депозиты. Оценивая потенциал этой системы с точки зрения угрозы возникновения системного финансового кризиса, необходимо представить краткий обзор её зарождения и развития.

Послевоенный экономический рост и растущая интеграция в глобальную экономику и финансовую систему вкупе с превращением американского доллара в глобальную валюту в конечном счете и привели к такому феномену, как финансовая глобализация, которая началась в 1960-е гг. Доллар больше не ограничивался пределами США. Во второй половине XX в. параллельная долларовая система росла быстрее, чем внутри США. Имеется в виду не только наличные доллары, но, прежде всего, долларовые депозиты в банках и безрисковые американские правительственные бумаги. Таким образом, ФРС и администрация США должны были удовлетворять спрос на доллары как внутренний, так и международный. Этот рыночный феномен развивался как часть международной финансовой архитектуры с её сложившимися регулирующими структурами и практикой управления.

Доллар был официально признан мировой валютой в тот период, когда он был сильным. К тому же, во многих странах с развивающейся экономикой доллар выступал как альтернатива их собственным валютам. Из-за существующих ограничений вывоз валюты этих стран за границу ограничен. А хорошие, сильные валюты обычно пользуются спросом за пределами страны их выпуска, они легко преодолевают границы и перемещаются по всему миру. «Хорошие» деньги вытесняют «плохие» деньги из обращения (обратное действие Закона Грэшема).

В начале 1960-х гг. мир еще не был связан информационными технологиями, как сегодня. У США не было огромного дефицита по текущим внешним платежам, а международный банкинг только начинал зарождаться. Многие страны, в т.ч. европейские экономики, практиковали контроль за движением капитала и не спешили полностью конвертировать свои валюты. Глобальная денежная система, хотя и стабильная, оставалась разобщенной. Величина долларовых авуаров за пределами США оставалась небольшой и в основном они находились у иностранных центральных банков и служили страховым резервом против нестабильности национальной валюты.

Лондонский Сити в качестве ведущего финансового центра стал тем местом, где зародился и получил развитие евродолларовый рынок. Это также было обусловлено геополитическими соображениями периода Холодной войны. После вторжения в Венгрию советских танков, у советского руководства было беспокойство, что депозиты СССР будут заморожены в американских банках. И поэтому они были перенаправлены в Лондон как более безопасное место. Так, первоначально было переведено 800 тыс. долл. в Московский народный банк, расположенный в Лондоне и таким образом возник первый евродолларовый депозит. Затем евродолларовые депозиты стали открываться в других европейских финансовых центрах и так сформировался евродолларовый рынок. Далее этот рынок облюбовал для себя другие места, которые географически простирался от Токио, Гонконга и Сингапура на Востоке, далее Бахрейн, а в Западном полушарии разместились на Багамах, Бермудах, Панаме, Каймановых и Антильских островах.

Выделим особенности этой банковской системы и рынка, которые делают их уникальными: низкая стоимость заимствования, гибкий, динамичный и инновационный. Это, прежде всего, оптовый, а не розничный рынок. На эти депозиты не распространяются резервные требования, которые распространяются на обычные депозиты, поэтому их стоимость низкая, а спреды между депозитными и кредитными ставками узкие. Это самая эффективная система оптового банкинга. Он предлагает более высокие ставки по депозитам и более низкие проценты по кредитам, чем местные банки по аналогичным продуктам.

Евродолларовый рынок проводит транзакции по плавающим процентным ставкам. Ставки по депозитам (ставки покупателя, bid) и кредитам (ставки продавца) зависят от колебания курсов иностранных валют, поскольку торговля денежными средствами на нем происходит в основных финансовых центрах, таких как Лондон, Гонконг, Сингапур и Бахрейн; однако, ставки по 1, 3, и 6-месячным депозитам и кредитам могут быть «заморожены». Механизм плавающих ставок предлагает большее разнообразие рыночных ставок для рыночных участников, чем на внутренних рынках. Участниками этого рынка являются юридические и физические лица из разных стран. Вовлеченный в международные ссудные транзакции, этот рынок помимо обычных банковских рисков (валютных, процентных) оценивает и страновые риски. Там не существует кредитора в последней инстанции («lender of last resort»), поскольку он находится вне юрисдикции центральных банков. Евродоллары рассматриваются как «свободные деньги» или «деньги без родины», поскольку они не контролируются ни одним банком.

Нефтяной кризис в 1973–1974 гг. вызвал быстрый рост евродолларового рынка. Нефтедолларовые излишки стран ОПЕК нуждались в инвестировании, и евродолларовый рынок стал служить механизмом мобилизации и рециклирования нефтедолларовых депозитов стран-экспортеров нефти. Значительное число стран-импортеров нефти имели дефицит по балансу платежей и нуждались во внешних ресурсах для его финансирования. Евродолларовый рынок осуществил одну из самых больших операций по рециркулированию долларов, что позволило нефтеимпортирующим странам не применять ограничительные меры, сдерживающие рост их экономики. Это позволило избежать рецессии впервые в поствоенный период.

На сегодня размер офшорного долларового рынка оценивается примерно в 5 трлн долл. в 2010 г. – это немного больше 50% денежного агрегата М2 в США (9 трлн в 2010 г.). Иностранцы держали казначейские векселя (T bills) и другие ценные бумаги на сумму 5,1 трлн в 2011 г. – это 50% госдолга США, в т.ч., на Китай и Японию приходилось 2,2 трлн. Следовательно за пределами США столько же долларов, сколько и в самих США. Текущий дефицит платежного баланса США и отток краткосрочного капитала – источник роста офшорных долларовых рынков. Рост ликвидности в глобальном масштабе был много больше, чем рост сбережений в странах СФР из-за сохраняющихся ограничений в платежном балансе (капитальные статьи).

Глобальные дисбалансы и угроза мировой финансовой нестабильности

Большинство дискуссий по глобальным дисбалансам так или иначе затрагивают проблемы дефицита платежного баланса США. Текущий дефицит платежного баланса США в 2005 г. и 2006 г. превысил 6% ВВП США – это колоссальный размер по любым историческим меркам. Как показано на рис. 2, дефицит платежного баланса США за последние несколько лет постоянно рос с 1991 г. и абсолютно, и относительно ВВП (заметим, что дефицит платежного баланса снижался как доля от ВВП с 1987 г. до 1991 г.).

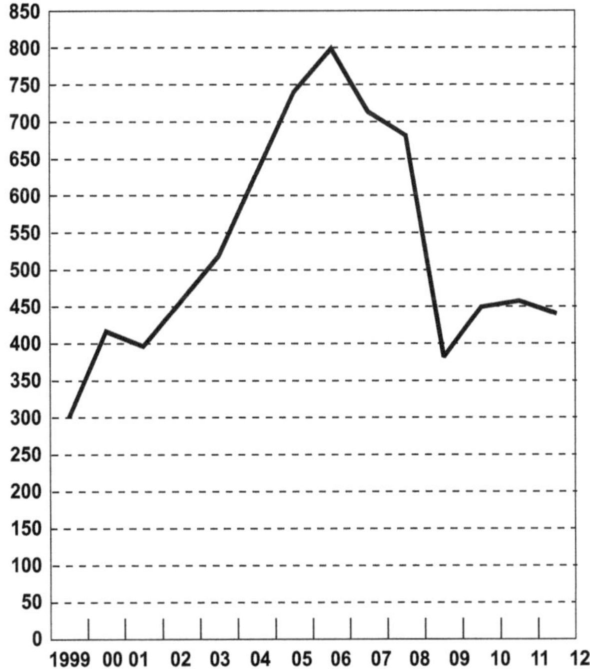

Рисунок 2. Дефицит текущего платежного баланса США в 1999–2012 гг., в млрд долл.

Источник: Данные Бюро экономического анализа США. См.: Berman B.H., Bogen J.R. Annual Revision of the U.S. International Transactions Accounts. July 2013. URL: http://www.bea.gov/scb/pdf/2013/07%20July/0713_international_transactions_annual.pdf

Резкий скачок в дефиците произошел после 1999 г.: дефицит платежного баланса вырос почти с нулевого уровня (небольшой профицит составил 2,8 млрд долл.) в 1991 г. до 811,5 млрд долл. в 2006 г. Относительно ВВП внешний дефицит США был менее 3% от ВВП до 1999 г. и с тех пор вырос в два раза.

Эти данные поражают. Почему при таком огромном дефиците платежного баланса США её экономика все еще остается платежеспособной? Есть ли этому предел? Б. Бернанке писал, что это зависит, с одной стороны, от способности США платить по своим долгам, а, с другой стороны, от готовности иностранцев держать американские активы в своих портфелях[8]. Такая же мысль отражена у Стенли Фишера, который считал, что «ситуация не может продолжаться вечно, хотя трудно сказать, когда все это закончится». Заметим, что он считал приемлемым уровень дефицита платежного баланса США 2,5–3% ВВП[9].

Нобелевский лауреат по экономике Пол Кругмен считает, что наличие такого огромного притока капитала в одну страну (см. рис. 3) может представлять опасность. Если идти дальше, то можно сформулировать еще один вопрос, а что будет с развивающимися экономиками, если приток капитала в США внезапно прекратится и начнется его отток. Что тогда будет с долларом и другими валютами?

Одно из предварительных условия для изменения сложившейся финансовой системы – это изменения в денежной политике стран, накопивших огромные долларовые резервы, например, в Китае, который имеет огромные излишки по торговым операциям. Кругмен приводит пример того, что может произойти в этом случае. «Закупки долларов Китаем и другими иностранными правительствами временно изолируют американскую экономику от эффектов огромных бюджетных дефицитов. Притоки огромных капиталов в США также позволяют удерживать процентные ставки низкими, несмотря на дефициты. Как только Китай сменит вектор своей

---

[8] Bernanke B.S. Global Imbalances: Recent Developments and Prospects: Speech at Bundesbank Lecture, Berlin, 2007, 11 September. P.5. URL: http://www.federalreserve.gov/newsevents/speech/ bernanke20070911a.html.

[9] Fischer S. Summing Up: Presentation given at International Monetary Fund Conference on Global Imbalances. Washington, 2006. P.1. URL: http://boi.org.il/deptdata/neumim/neum200e.pdf.

денежной политики, то процентные ставки вырастут, а пузырь на недвижимость взорвется. Потребительский сектор и строительство сожмутся, а падение цен на жилье вызовет волну банкротств»[10].

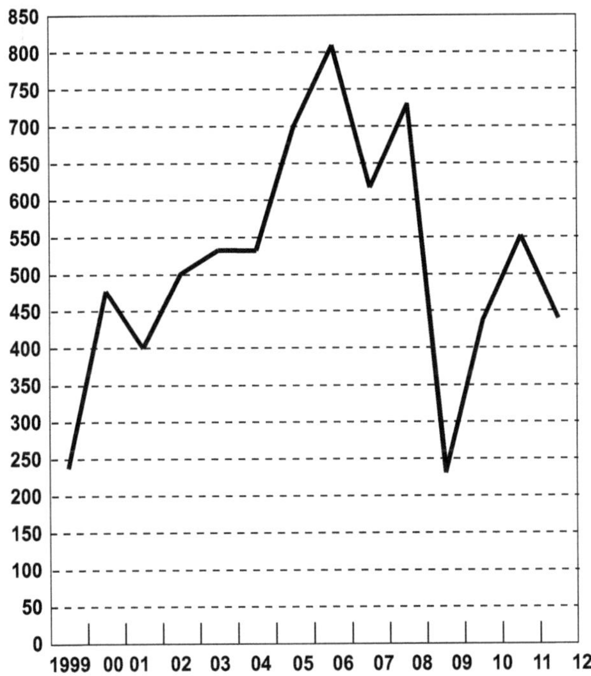

Рисунок 3. Чистый приток капиталов в США в 1999–2012 гг., в млрд долл.

Источник: Рассчитано по данным Бюро экономического анализа США за ряд лет. См.: Berman B.H., Bogen J.R. Annual Revision of the U.S. International Transactions Accounts. July 2013. URL: http://www.bea.gov/scb/pdf/2013/07%20July/0713_international_transactions_annual.pdf

Но этот аргумент не очень убедительный, поскольку Китаю придется сориентировать на покупку правительственных бондов, деноминированных в других валютах (в иенах или евро). Но это изменит лишь структуру

[10] Krugman P. The Chinese Connection // New York Times. 2005. 20 May. URL: http://www.nytimes.com/2005/05/20/opinion/20krugman.html.

долговых бумаг по валюте, а их общее предложение не изменится. Но процентные ставки и валютные курсы начнут резко меняться и нетрудно себе представить последствия этих финансовых «тектонических сдвигов».

Некоторые ученые высказывают пессимизм по отношению к доллару. Они указывают, что падение стоимости доллара в условиях растущего дефицита США может составить 30% или даже выше[11]. И сегодняшняя ситуация очень сильно напоминает период 1970-х гг. после краха Бреттон-Вудской системы. Но, в любом случае, последствия для стран с формирующимися рынками будут катастрофическими. Это можно проследить по таким каналам, как экспорт товаров из этих стран в США (поскольку сжатие экспорта может остановить рост в этих странах). Речь идет об экспорте нефти и металлов, цены на которые деноминированы в долларах США.

Второй канал связан с эффектом богатства (его можно оценить по балансу правительства и центральных банков СФР). Например, многие эти страны держат свои резервы в правительственных облигациях (bonds), деноминированных в долларах и, если доллар рухнет, эти активы обесценятся. Кроме того, если их суверенный долг тоже накоплен в американских долларах, то он обесценится.

Третий канал – это монетарная политика США. Речь идет о возможной инфляции в США, которая может быть вызвана ослаблением доллара, поскольку цены на импортные товары повысятся. Если ФРС США будет повышать учетную ставку процента, то это может вызвать рецессию. А поскольку большая часть остального мира связана с американской экономикой, то это может иметь негативное последствие на экономики СФР.

Бюджетный комитет Конгресса США выделяет три причины сложившейся ситуации с платежным балансом с 1991 г.: во-первых, более высокие темпы роста американской экономики и темпов роста производительности труда, чем в любой другой экономики развитого мира; во-вторых, огромный спрос на долларовые активы с конца 1990-х гг. (как реакция на азиатские кризисы и другие кризисы в СФР), что повысило курс доллара и

---

[11] Obstfeld M., Rogoff K. The Unsustainable U.S. Current Account Position Revisited // Center for International and Development Economics Research Paper C05-145. Berkeley, 2005, 30 November. P. 7. URL: http://repositories.cdlib.org/iber/cider/C05-145.

уменьшило процентные ставки; и, в-третьих, падение нормы сбережений, что привело к росту бюджетного дефицита.

Как отмечал бывший вице-председатель Совета управляющих ФРС (с 1999 г. по 2006 г.) Роджер Фергюсон, рост производительности труда в американской экономике составлял 1,5% ежегодно в течение двух десятилетий до 1995 г. и повышался на 3% с середины 1990-х годов[12]. Ожидания более высоких доходов привлекали зарубежных инвесторов и подпитывали цены на акции. В ожидании дальнейшего роста личных доходов потребление домашних хозяйств росло, а норма сбережений снижалась. Все эти факторы способствовали росту дефицита текущего платежного баланса.

По мнению некоторых экономистов, накопление резервов центральными банками – этого средства, предназначенные для будущего (своего рода «резервы на случай войны») с целью осуществления стабилизации на случай кризиса. Считается, что лучше иметь собственные запасы, чем обращаться к МВФ, как последней надежде. Как это отмечено у Кальво и Тэлви, это может даже ухудшить ситуацию[13].

Существует теория «глобального пресыщения сбережениями» с подачи нынешнего главы ФРС Бернанке[14]. В 2006 г., 2007 г. и 2008 г. сбережения в развивающихся экономиках составили 33% от их ВВП по сравнению со средним значением 24% в конце 1980-х и 1990-х гг. (рис.4).

Это позволило странам СФР увеличить как сбережения, так и инвестиции выше своих исторических значений и, в тоже время, вкладывать огромные средства в США и Европу. На глобальном уровне сбережения и инвестиции уравновешивают друг друга. Рост сбережений в СФР компенсирует их снижение в США и, таким образом, это приводит к росту потребления в большей степени, чем к росту инвестиций. Как результат, на глобальном уровне «перенасыщение сбережениями» нет, это применимо лишь к странам СФР как группе.

---

[12] Ferguson R.W. U.S. Current Account Deficit: Causes and Consequences // BIS Review. 2005. Vol. 27. P.32. URL: http://www.bis.org/review/r050422b.pdf.

[13] Calvo G., Talvi E. The Resolution of Global Imbalances: Soft Landing in the North, Sudden Stop in Emerging Markets? // Journal of Policy Modeling. 2006. Vol. 28. N. 6. P. 607–608.

[14] См. Речь председателя Совета управляющих ФРС США Бена Ш. Бернанке на мероприятии, посвященном выпуску «Журнала финансовой стабильности» Банка Франции, Париж 18 февраля 2011 г. URL: http://www.fedspeak.ru/110218-Bernanke%20-%20Global%20imbalances.htm.

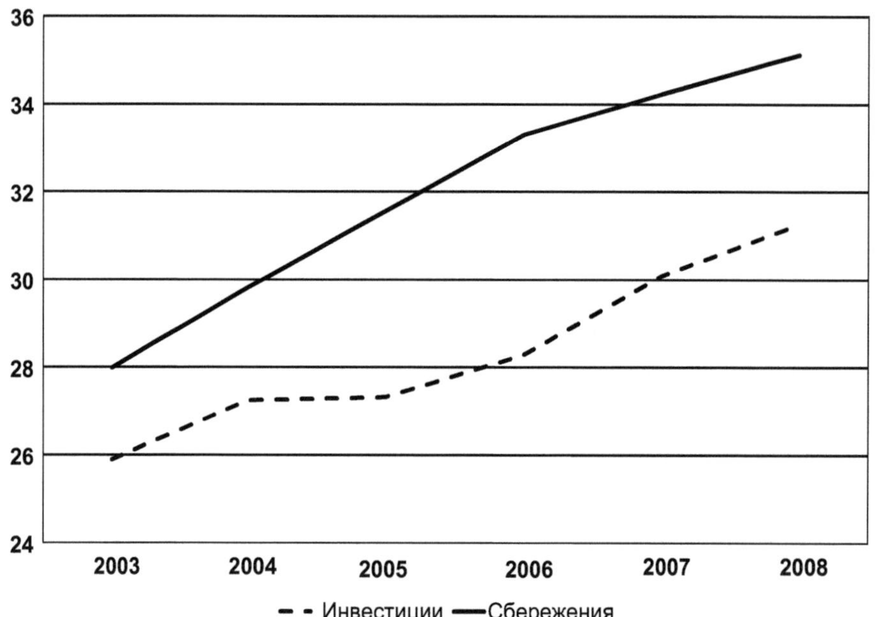

Рисунок 4. Сбережения и инвестиции в СФР, в % от ВВП

Источник: World Economic Outlook Database, April 2009. URL: http://www.imf.org/external/pubs/ft/weo/2009/01/weodata/weorept.aspx

Эта теория интересна тем, что является концептуальной основой, с позиций которой бывший председатель Совета управляющих ФРС Алан Гринспен и его нынешний преемник Бен Бернанке объясняли происхождение дефицита платежного баланса США. Тем более, что в последнее время ФРС и Правительство США критикуются за то, что именно они своей политикой спровоцировали кредитный кризис в 2007 г. Так, Алан Гринспен считал, что «именно глобальные излишки в сбережениях повлияли на доходность по бондам, на которые его политика учетных ставок никак не могла повлиять»[15].

Бернанке утверждал, что текущий платежный баланс, возможно, не «проблема», что это – «явление рынка», которое отражает привле-

---

[15] Greenspan A. Remarks at 21st Annual Monetary Conference. Washington, 2003, 20 November. URL: http://www.federalreserve.gov/boarddocs/speeches/2003/20031120.

кательность Соединенных Штатов и «глубину, ликвидность, и юридические гарантии» их рынков капитала, т. е. США выступают своеобразным магнитом, притягивающим капитал со всего мира[16].

Но может ли случиться обратное? Правильным ответом на этот вопрос будет такой: дефицит в США исчезнет, когда условия в мире поменяются на 180 градусов. И, наверное, это будет зависеть от потребностей центральных банков накапливать долларовые резервы. К тому же, инвестиционные возможности в других регионах мира должны стать более привлекательными, чем в США.

Начиная с финансовых кризисов 1990-х гг., инвесторы в поисках более безопасных мест стали меньше инвестировать в СФР, кроме ЦВЕ и Китая. После событий в России и Аргентине они стали более осторожны в отношении политических и правовых рисков. На некоторых развивающихся рынках, особенно в Китае, высокий уровень внутренних сбережений более, чем достаточный, чтобы покрывать свои потребности во внутренних инвестициях. А США, напротив, имеют множество инвестиционных возможностей с доходами, гораздо более высокими, чем Япония или Европа и они менее волатильные и более безопасные, чем во многих СФР.

А. Гринспен был среди тех экономистов и политиков, которые отстаивали доводы в пользу более мягкого регулирования платежного баланса США в условиях распространения глобализации и перехода к более гибким валютным курсам. Они позволяют более гладко приспосабливаться к изменяющимся экономическим условиям с гораздо меньшим риском дестабилизации.

Дисбалансы всегда кажутся чем-то очень неустойчивым и всегда заканчиваются крахом. А если речь идет о глобальных дисбалансах, то это навевает что-то еще более зловещее. Но это всего лишь неведение того, что происходит в мире сегодня по сравнению с тем, что было в недавнем прошлом.

Уже за первое десятилетие XXI века глобальный рынок капитала еще более расширился вглубь, что можно обнаружить по росту числа сделок

---

[16] Bernanke B.S. Global Imbalances: Recent Developments and Prospects: Speech at Bundesbank Lecture. Berlin, 2007, 11 September. URL: http://www.federalreserve.gov/newsevents/speech/bernanke20070911a.html.

на мировых валютных рынках. Развитие торговых технологий, более значительное использование деривативов для принятие рисков и хеджирования, снижение барьеров на сделки с капиталом – все это в разы увеличивает масштабы операций на рынке. Тот факт, что текущие балансы сейчас очень большие по историческим меркам, отражает ничто иное, как новые возможности рынков капитала сгладить неравновесия платежного баланса.

Но все-таки тот факт, что такой дисбаланс, как растущий дефицит платежного баланса США мог породить мировой финансовый кризис, подобный последнему, не отрицается. Может ли финансовая система США в один прекрасный день взорваться? Такой результат крайне маловероятен. Во-первых, в США не существует управляемого курса в отличие от развивающихся экономик. Во-вторых, американский доллар – основная мировая резервная валюта. Доллар США преобладает в резервах всех центральных банках (⅔ всех сформированных резервов) и участвует в каждой девятой из десяти сделок на валютных торгах.

Обязательства США, деноминированные в основном в своей собственной валюте, делает их экономику чувствительной к обесценению доллара (можно сказать, что она от этого только выигрывает). Около 70% совокупных иностранных активов, которые держат американцы, деноминированы в иностранной валюте, тогда как приблизительно 95% совокупных обязательств США перед иностранцами деноминированы в долларах.

Падение доллара уменьшает стоимость чистых долгов США; а рост доллара, напротив, увеличивает долларовую стоимость чистого долга (разница между иностранными обязательствами и активами) перед иностранцами. В других странах внешний долг растет (в их национальной валюте), когда доллар падает.

Некоторые экономисты-скептики часто утверждают, что США создали такую систему, что все покупают ее доллары. Следует посмотреть на эту проблему иначе. Созданы ли дисбалансы движения капитала в мире самими США или теми, кто предоставляет этот капитал (табл. 2)?

Таблица 2
Размеры дефицитов и профицитов платежного баланса по отдельным странам (на 2011 г.)

Страна	Профицит ПБ, млрд долл.	% ВВП	Страна / регион	Дефицит ПБ, млрд. долл.	% ВВП
Китай	372,2	5,7	США	-493,8	-3,2
Россия	105,1	5,5	Испания	-71,0	-4,7
Венесуэла	20,6	7,0	Великобритания	-60,0	-2,4
ОАЭ	151,0	10,3	Греция	-25,3	-8,1
Кувейт	68,1	39,4	Япония	134,0	2,3
Саудовская Аравия	114,4	19,7	Германия	180,7	5,1

Источник: World Economic Outlook Database, April 2011. URL: http://www.imf.org/external/pubs/ft/weo/2011/01/weodata/weorept.aspx

Данные в табл. 2 следует трактовать однозначно-страны, которые имеют профицит счета текущих операций, должны его компенсировать либо отрицательным сальдо по капиталу, либо наращивать валютные резервы. Из формулы платежного баланса (сальдо общего баланса = сальдо по текущим статьям + сальдо по капиталу + официальные резервы) видно, что плюс по текущему счету должен быть компенсирован минусом по счету капитала (оттоком капитала/наращиванием агентами страны зарубежных активов), либо наращиванием валютных резервов Центробанка. Проблема в том, что основные дисбалансы в мире созданы как раз центральными банками развивающихся и сырьевых стран.

Дефицит счета текущих операций Штатов (импорт больше, чем экспорт) отражает профицит счета текущих операций ряда других стран (экспортируют больше, чем импортируют), и все это обусловлено движением капитала – в США притекает больше капитала, чем вытекает. Другое дело, что не правительство Штатов выбрало такую политику, скорее, наоборот – США является заложником сложившейся системы.

Устойчива ли конструкция по притоку капитала в США? Главный вопрос – произойдет ли остановка притока капитала в США резко или это случится плавно? Резкий, обвальный сценарий предполагает шок, как для США, так и в странах нетто-экспортерах. Плавный сценарий, когда агенты успевают приспосабливаться к новым условиям, не ведет ни к каким проблемам. Сопутствующий вопрос – когда ситуация изменится и почему это может произойти? Теоретически, статус-кво может сохраняться еще много лет.

Рост чистой инвестиционной позиции других стран за счет вложений в США предполагает пропорциональное снижение инвестиционной позиции самих Штатов. В то время как это продолжается, страны экспортирующие капитал (не важно, частный или государственный), имеют заниженные валютные курсы, тогда как курс доллара оказывается завышенным. Прекращение потока капитала означает падение курса доллара и рост валют стран откуда этот капитал вытекал.

Если приток капитала из остального мира не только остановится, но еще и развернется обратно, тогда в платежном балансе США возникнет дефицит счета капитала. Это эквивалентно утверждению, что США получат профицит счета текущих операций (экспорт станет больше чем импорт). Но это же эквивалентно утверждению, что курс доллара по отношению к мировым валютам резко упадет.

Пока расклад в мире таков, что падение доллара и соответствующий рост других валютных курсов имеет собственные ограничители. Этому не позволят произойти центральные банки тех стран, которые выбирают политику заниженного курса и меркантилизма. Поэтому, ожидать ситуации резкого оттока капитала из США и резкого падения доллара сложно. Механизмы, которые поддерживают доллар завышенным по отношению к другим валютам, могут работать еще длительное время. Говоря конкретнее – Центробанки России, Китая, других азиатских экономик и стран ОПЕК сопротивляются тому, чтобы их валюты укреплялись, но если их валюты дешевые, то должны быть и дорогие – а это почти всегда доллар (Вставка 2).

ВСТАВКА 2

Обратное действие Закона Грешема, или Когда «хорошие» деньги вытесняют «плохие»

Деньги не только путешествуют по всему миру в поисках лучших возможностей, но они также качественно меняются. Вопреки Закону Грешема, согласно которому «плохие» деньги вытесняют «хорошие» деньги из обращения, сегодня можно наблюдать процесс с точностью обратный. Откуда возникло такое утверждение? Начнем издалека: В период своего правления (XVI в.) королева Елизавета I попросила сэра Томаса Грешема (Thomas Gresham), финансового агента Её Величества в Антверпене, объяснить, что происходит с шиллингом. Во время правления Генриха VIII, который унаследовал большое состояние своего отца Генриха VII – порядком 1 250 000 фунтов (сегодняшняя стоимость = 375 млн фунтов), процветающую экономику и хорошее состояние казны, его бесконечный войны и политические амбиции на фоне снижающихся доходов вызвал инфляцию. Для финансирования военных действий он обратился к Парламенту за деньгами. Для решения финансовых проблем пришлось пойти на снижение содержание серебра (девальвацию) шиллинга в 1526–1539 гг. В результате инфляции реальная стоимость шиллинга была снижена. Наравне с серебряными деньгами в обращении также находились и золотые монеты. Когда они сталкивались, то старые (золотые) монеты уходили в «кубышки», а новые (серебряные) использовались в обмене.

Томас Грешем докладывал королеве, почему «плохие» деньги вытесняют хорошие из обращения. Его наблюдение вошло в денежную теорию как «закон Грешема». Этот закон действовал в основном в условиях биметаллического денежного стандарта, когда при установленном по закону соотношении стоимости золота и серебра свободно чеканились из металла частных лиц золотые и серебряные монеты соответствующего веса с одинаковой платежной силой по номиналу. При падении стоимости более дешевого металла (серебра) оказывалось выгодным расплачиваться серебряными монетами. В результате золотые монеты переставали участвовать в обращении и превращались в сокровище.

Этот закон действовал также в условиях инфляции, когда золотые и серебряные монеты вымываются из обращения бумажными деньгами и подтверждается даже сегодня, когда выпуск денег имеет директивный характер (т.н. «фиатные» деньги). Во всех странах в разной степени проявляется инфляция и она обесценивает бумажные деньги. У современных правительств остаются те же финансовые проблемы, что и у средневековых монархий.

Посмотрим, каким образом этот закон действует в обратном направлении. Американский доллар остается сильной международной валютой поскольку он меньше подвержен эрозии покупательной способности за последнее столетие по сравнению с другими валютами. Если закон Грешема хорошо действовал в период обращения монет из драгоценных металлов, то в современном мире фиатных денег он дает обратный ход. Сильные и хорошие деньги сегодня вытесняют слабые и плохие валюты как глобально, так и национально. Так называемая долларизация характерна для слабых развивающихся экономик (Панама, Сальвадор, Эквадор), перешли к использованию американского доллара вместо своей валюты в качестве законного платежного средства. Доллар также используется в таких странах, как Никарагуа, Уругвай, Белиз, Багамы, Зимбабве, Гаити, Либерия, Ливан, Вьетнам, Камбоджа наряду с национальными деньгами. Есть ещё несколько стран, где доллар неофициально используется в расчетах.

Валюта – это прерогатива центральных банков, они обладают монополией на выпуск банкнот. Они сохраняют контроль над денежным обращениям в границах национальных юрисдикций. Действующие законы вводят количественные ограничения на вывоз национальной валюты в другие страны Хорошие (сильные) валюты пользуются большим спросом за пределами той страны, где они выпускаются и широко обращаются в других странах несмотря на законодательные ограничения. Некоторые правительства согласились на использование двух валют (национальной и иностранной). Спрос порождает предложение и «хорошие» деньги перемещаются между странами.

Технология изменила характер денег. В транзакциях широко используют цифровые деньги, т. е. кредитные и дебетовые карты. Доля обычных денег стремительно уменьшается. Цифровые деньги управляются коммерческими банками, а обычные бумажные банкноты выпускаются центральными банками. Первые вытесняют своих предшественников – наличную валюту и дорожные чеки.

Все кризисы платежного баланса, случившиеся в развивающихся странах, были связаны с изменениями балансов корпоративного и официального секторов – их активы номинированы в основном в местной валюте, а обязательства в иностранной. Прекращение притока капитала и его отток вызывают развал экономики, обвал курса и невозможность расплатиться по валютным обязательствам. В случае США долги номинированы в своей валюте и традиционный механизм для крушения развивающейся страны здесь не работает.

Другой вопрос – почему зарубежные страны готовы вкладываться в долларовые активы, если известно, что дефицит счета текущих операций США не может продолжаться вечно, и доллар, в конечном итоге, обречен на то, чтобы упасть? Но дело здесь не только в действии частных инвесторов, а также в сознательной политике центральных банков, а их основной целью является валютно-монетарная политика собственной страны. Поэтому они постоянно проводят валютные интервенции (закупки доллара) для искусственного удержания курсов своих валют низкими. Отметим еще одну тенденцию: во время финансового кризиса спрос на долларовые активы (казначейские векселя Правительства США) резко возрастает, а значит и доллар по отношению к другим валютам СФР укрепляется. С начала кризиса 2008 г. дефицит торгового баланса США сократился, пока другие страны спасали свои валюты от резкой от девальвации.

Таким образом, у США по-прежнему остается их главный козырь в управлении их непомерным дефицитом платежного баланса (в качестве главной привилегии, которой их никто не лишил) – это их доллар как основная мировая валюта. Сегодня доллар – все еще «король», и этот факт необходимо учитывать при оценке перспектив стабильности дефицита текущего счета США.

В ближайшей перспективе не видно валюты, которая могла бы заменить доллар как мировые деньги. Единственная валюта, относительно широко используемая в международных расчетах, – евро-тоже слабо обеспечена и имеет ряд собственных серьезных внутренних проблем. В первую очередь, слабость бюджетной политики отдельных членов зоны евро и чрезмерную зарегулированность экономики большинства стран членов ЕС. Первое может привести в перспективе к выпадению отдельных стран из зоны евро или существенному ослаблению денежной политики. Второе обещает замедленные в сравнении с США темпы выхода из кризиса.

Быстрый катастрофический крах доллара нанесет сильный удар по мировой торговле и мировой экономике. Страны – держатели крупных долларовых запасов сами не заинтересованы в резком падении курса доллара, которое может нанести им серьезный ущерб.

Главный выход из сложившихся структурных глобальных дисбалансов видится для СФР в развитии их внутренних финансовых рынков с опорой на свои точки роста (инфраструктурные проекты, новые технологии и продовольственные комплексы), а также диверсификация объектов вложений капитала, в т.ч. прямые иностранные инвестиции в различных регионах мира.

Доллар в политике Министерства финансов США в условиях кризиса международной финансовой системы

Глобальный экономический кризис 2008–2009 гг. дал обильную пищу для размышлений не только экономистов, но политологов и специалистов по международным отношениям. В большинстве их оценок кризисной ситуации превалирует идея «смены вех». Так, известный американский финансист Дж. Сорос пишет, что нынешний кризис знаменует собой завершение эпохи кредитной экспансии, основанной на долларе как всемирной резервной валюте[17]. В средствах массовой информации широко распространено апокалиптическое пророчество о неминуемой ликвидации доллара как мировой валюты. Но нам больше импонирует взвешенный подход отечественного исследователя В.Б. Супяна, который отмечает, что в оценках сегодняшнего кризиса нередко проявляется тенденция к примитивизации происходящего, попытка подменить серьезный анализ хлесткими лозунгами и утверждениями, порой противоречащим реальным фактам[18].

Другой тенденцией в изучении кризиса является то, что в центре внимания исследователей, как правило, находится политика Федеральной резервной системы. Не подвергая сомнению ключевое значение ФРС, мы попытались проанализировать роль еще одного творца денежной политики – Министерства финансов США, чья стратегия в отношении доллара и оказала влияние на возникновение финансового кризиса, и имеет значение для преодоления его последствий.

Как известно, формальное закрепление доминирующих позиций США в международной финансовой системе произошло с началом функционирования Бреттон-вудской валютной системы. Придание американскому доллару статуса базовой валюты, когда был установлен режим фиксированных валютных курсов, обеспечило ключевую роль Вашингтона в Международном Валютном Фонде (МВФ) и Всемирном Банке (МБРР) и превратило министерство финансов Соединенных Штатов в актора международной финансовой системы. До конца 1950-х гг., пока

---

[17] Сорос Д. Новая парадигма финансовых рынков. М., 2008. С. 8.

[18] Супян В.Б. Мировой кризис и перспективы американской экономики // США*Канада: экономика, политика, культура. 2009. № 8. С. 3.

западноевропейские страны не отменили ограничения по текущим валютным операциям, позиции американского доллара подкреплялись золотым запасом США.

С конца 1950-х гг. существовал постоянный дефицит платежного баланса США вследствие растущих американских инвестиций за рубежом, благодаря деятельности, прежде всего, американских транснациональных корпораций. США играли роль финансового посредника в международной экономике. Они заимствовали краткосрочные деньги и обеспечивали долгосрочное финансирование международных проектов. Финансовый центр в Нью-Йорке выполнял эту функцию не только вследствие своей относительной открытости, но и вследствие высокой чувствительности к изменениям краткосрочных процентных ставок на финансовых рынках. Открытость и размеры американского рынка капиталов вызвали рост антипатии по отношению к американскому доллару со стороны ряда европейских государств. Франция, например, накапливала золотой запас, чтобы отказаться от доллара как мировой резервной валюты. Конечной целью французского президента Ш. Де Голля, как пишет американский экономист П. Бернстайн, было покончить с особым положением Соединенных Штатов, благодаря которому американцы могли компенсировать национальный торговый дефицит, расплачиваясь с иностранцами своей валютой, тогда как все остальные должны были платить долларами или золотом[19].

Министерство финансов США стремилось содействовать либерализации европейских рынков, чтобы ослабить давление на американский финансовый рынок и позволить американским ТНК воспользоваться денежными ресурсами в Европе. С одной стороны, рост еврорынков позволял снять давление на доллар, но, с другой стороны, обострил проблему дефицита платежного баланса и дестабилизировал Бреттон-вудскую систему.

Слабое место послевоенной системы состояло в том, что за пределами США накопилось огромное количество долларов, которые их владельцы стали предъявлять к обмену на золото. В августе 1971 г. США отказались платить золотом за доллары, что усилило подъем мировой инфляции, которая обесценила долларовый запас центральных банков

[19] Бернстайн П. Власть золота. История наваждения. М., 2004. С. 301.

других стран. Конец Бреттон-вудской системы усилил автономию американского государства в международной финансовой системе и открыл в 1976 г. переход к новой системе с режимом плавающих курсов согласно Ямайскому соглашению МВФ.

Отменяя национальный контроль над движением капитала, США добивались этого от других стран. Экспансия американского капитала укрепила роль американского доллара, который рассматривался как безопасная валюта благодаря открытости американского рынка капиталов. Но главной причиной стали растущие официальные резервы в американских долларах у тех стран, которые препятствовали укреплению своих валют относительно доллара, а американские казначейские векселя стали рассматриваться как самый надежный инструмент в 1970–1980-е гг. В 1974 г. 96% векселей Министерства финансов США находилось в руках иностранных держателей[20].

Министерство финансов быстро осознало выгоды такого положения. Приток официальных ресурсов позволил финансировать растущий дефицит бюджета, а финансовые рынки были насыщены капиталом, создавая основу для экспансии. Начиная с 1980-х гг., финансовая система США рассматривались как «островок безопасности», что обеспечило значительный приток иностранных капиталов.

Политика «дорогого» доллара в США в начале 1980-х гг., с одной стороны, укрепила финансовую систему США, с другой стороны, привела к снижению конкурентоспособности американской промышленности. США, вместо использования протекционистских мер, осуществляли валютные интервенции для «мягкой посадки» доллара.

В 1990-е гг. США продолжали рассматривать политику в отношении международной финансовой системы как продолжение своей внутренней экономической политики. В период правления президента Б. Клинтона продолжалась политика «дорогого» доллара, что вызвало беспрецедентный приток иностранных инвестиций в США и невиданный подъем на фондовом рынке в течение десятилетия. Бум еще более усилил финансовую мощь США, которая подкреплялось высокой доходностью на финансовых

---

[20] Sarai D. US Structural Power and the Internationalization of the US Treasury // American Empire and the Political Economy of Global Finance. New York, 2008. P. 89.

рынках и безграничной верой инвесторов в эффективность политики Вашингтона[21].

В США продолжались внутриполитические дискуссии, начатые еще в середине 1970-х гг. и усилившиеся в период правления администрации Рейгана, о необходимости ликвидации последних ограничений деятельности коммерческих банков, введенных в 1933 г. в соответствии с законом Гласса–Стигала. Снятие ограничений в 1999 г. позволило банкам расширить свои операции на финансовых рынках. Денежные власти объясняли это как замену неэффективных попыток избежать финансовые кризисы управлением кризисами.

Этот подход к антикризисному менеджменту был распространен и на глобальный уровень, поскольку США настаивали на продолжении финансовой либерализации на различных международных форумах и в двусторонних торговых и инвестиционных переговорах. Например, в рамках «Большой семерки» был достигнут консенсус о необходимости либерализации операций с капиталами, включая Францию и Японию, которые ранее относились к этому скептически. В значительной мере, это обстоятельство было связано с тем, что партнеры США попали под усиливающееся давление банков, ориентированных на деятельность в глобальном масштабе и выступавших за отмену государственного регулирования международной банковской деятельности[22].

Растущая международная роль министерства финансов США встречала все более ожесточенную критику в конгрессе. Демократы критиковали социальные и гуманитарные расходы в рамках программ МВФ и МБРР, финансируемые частично за счет средств государственного бюджета, а республиканцы видели в расширении международных операций министерства безответственное использование средств налогоплательщиков. И в тот момент, когда финансовое могущество министерства казалось, достигло высшей точки на рубеже веков, оно столкнулось с перспективой, что его роль в международных делах должна была существенно ограничена.

---

[21] См.: Godwin J. Clintonomics: How Bill Clinton Reengineered the Reagan Revolution. New York, 2009. P.85–94.

[22] См.: Williamson J. A Short History of the Washington Consensus // The Washington Consensus Reconsidered: Towards a New Global Governance. Oxford, 2008. P. 14–30.

Администрация Дж. Буша-младшего сосредоточилась на борьбе с международным терроризмом, что предполагало также борьбу с отмыванием денег террористических организаций. Хотя Министерство финансов всегда выступало против введения санкций или ограничений финансовых операций, рассматривая их как неэффективные. Но после событий 11 сентября 2001 г. роль Министерства финансов как активного борца с терроризмом усилилась. Представители министерства продолжали при этом подчеркивать, что глобальная роль доллара и доминирующее положение американских финансовых рынков в мировой экономике были критически важны, поскольку большая часть транзакций на мировых рынках проводится в долларах, которые проходят через американские банки[23]. Это облегчило министерский контроль над подозрительными активами в американских банках.

Смену своих приоритетов в финансовой политике в 1990-е гг. США обосновывали тем, что лучше не бороться с устранением кризисов методами ограничительной монетарной политики, а оказывать поддержку в сохранении существующего мирового финансового порядка, если бы подобные кризисы происходили. Поэтому роль финансовых властей США в качестве управляющих финансовыми кризисами усилилась. Все началось с крупного пакета помощи Мексике для предотвращения разрастания финансового кризиса в 1995 г. Осознавая, что банки США подвергались риску значительных финансовых потерь, так как держали долларовые краткосрочные бумаги мексиканского правительства, Министерство финансов предложило конгрессу согласиться на использование средств стабилизационного фонда для предоставления помощи Мексике.

В период азиатского кризиса в 1997–1998 гг. рядом стран высказывались предложения реформировать роль МВФ и ввести контроль над потоками капитала. Министерство финансов США признавало существование проблемы финансовой нестабильности, и при его поддержке в декабре 1999 г. была создана «Большая двадцатка» (G20) с участием стран с формирующимися рынками. В рамках форума представители Министерства финансов США настаивали на продолжении рыночных реформ для пре-

---

[23] См.: Donohue L.K. The Cost of Counterterrorism: Power, Politics, and Liberty. Cambridge, 2008. P.158–168.

дотвращения системных дисбалансов международной финансовой системы. При этом им удавалось избежать какого-либо упоминания о необходимости ревизии статуса доллара как мировой резервной валюты даже в условиях глобального кризиса.

Современный глобальный кризис, отправной точкой которого стал обвал на рынке ипотечных бумаг в августе 2007 г. в отдельно взятом штате США, представлял реальную угрозу всему существующему мировому финансовому порядку. Министерство финансов США было озабочено постепенной утратой конкурентных позиций Нью-Йорка из-за падения доллара и предприняло ряд инициатив, чтобы улучшить привлекательность рынков капитала США. Они касались, в основном, повышения прозрачности и регулятивных требований к новым инвестиционным механизмам.

Когда кризис стал угрожать ведущим банкам, в США были предприняты беспрецедентные меры по спасению крупных игроков, в том числе посредством выкупа «токсичных» активов и предоставление отсрочки по выплате ипотечных кредитов. Министерство действовало очень активно, чтобы стабилизировать финансовые рынки. Чрезвычайный закон об экономической стабилизации, принятый в октябре 2008 г. и известный как «План Полсона» (по имени министра финансов), предусматривал меры по преодолению последствий финансового кризиса. Закон разрешил Федеральной резервной системе США предоставить займы банкам в размере 700 млрд долларов[24]. В результате, важнейшим следствием увеличения ликвидности в сочетании со постепенным снижением учетных ставок ФРС с 4,75% в сентябре 2007 г. до 0,25% в декабре 2008 г. стало снижение курса доллара по отношению к ведущим мировым валютам.

Преемственность в политике «дешевого доллара» демонстрирует и администрация Б. Обамы, который в феврале 2009 г. добился принятия Закона об американском восстановлении и реинвестировании, который позволил правительству инвестировать в экономику и социальную сферу дополнительно 787 млрд долларов[25].

---

[24] См.: Emergency Economic Stabilization Act of 2008. URL: http://www.gpo.gov/fdsys/pkg/PLAW-110publ343/pdf/PLAW-110publ343.pdf.

[25] American Recovery and Reinvestment Act of 2009. URL: http://www.gpo.gov/fdsys/pkg/PLAW-111publ5/pdf/PLAW-111publ5.pdf.

Дефицит американского бюджета достиг по итогам 2009 финансового года 1,4 трлн долл., что составляет 9,9% ВВП. Это максимальное значение с 1945 г., предыдущий показатель был зафиксирован в 2008 г. – 459 млрд. долларов[26]. И хотя предполагается и в дальнейшем снижать дефицит, в долгосрочной перспективе высокий дефицит бюджета угрожает доллару, поскольку для покрытия дефицита запущен печатный станок, что приводит к снижению покупательской способности доллара и его обесцениванию на мировых валютных рынках.

Снижение курса доллара в отношении ведущих валют мира в течение текущего десятилетия часто рассматривается как ослабление финансовой и производственной мощи США. Однако, благодаря этому, США выровняли дефицит государственного бюджета и торговый дефицит, повысили конкурентоспособность американских товаров и увеличили стоимость американских активов за границей (в местной валюте) посредством девальвации доллара.

В связи с разрастанием мирового финансового кризиса роль США по спасению мировой системы еще больше возросла. И в этот состоит парадокс современной ситуации, что миссия спасения выпала на страну, которая имеет астрономические задолженности перед всем миром, и продолжает играть роль и главного игрока, и основного регулятора на глобальном финансовом рынке.

Финансовая глобализация лишила формулу «дефицит платежного баланса США равен краху доллара» смысла. Мировые рынки капитала настолько неравны между собой по уровню развития, что инвесторы вынуждены сохранять верность традиционно стабильным, развитым финансовым рынкам. Поскольку США предлагают не только самый ликвидный рынок государственного долга, но и самые ликвидные рынки активов с повышенной степенью риска (корпоративные облигации, акции и прочие активы), доллар обвалиться не может. Для финансирования дефицита платежного баланса США не нужны иностранцы, «делающие американцам одолжение».

---

[26] Monthly Budget Review. Fiscal Year 2009. A Congressional Budget Office Analysis. 2009. Oct. 7. URL: http://www.cbo.gov/ftpdocs/106xx/doc10640/10-2009-MBR.pdf.

Идея, что нерезиденты США могут внезапно перекрыть поток инвестиций в США, является, по большому счету, ошибочной. На наш взгляд, проблема «внезапной остановки» более актуальна для развивающихся рынков, чем для господствующей во всем мире резервной валюты. С 2002 г. многие азиатские страны, в т.ч. Китай и страны-экспортеры нефти еще сильнее привязали себя к доллару, переводя официальные резервы в казначейские обязательства США и, таким образом, сами стали заложниками существующего мирового финансового порядка.

Очередной проверкой существования планов избавления от долларовой зависимости можно рассматривать информацию британской газеты «Индепендент» в начале октября 2009 г., в которой утверждалось, что арабские государства начали тайное сближение с Китаем, Россией и Францией, чтобы отказаться от использования американской валюты в торговле нефтью. Вместо них предполагается использовать корзину валют, включающую японскую иену и китайский юань, евро, золото и новую, единую валюту, разработанную для государств, состоящих в Совете сотрудничества Арабских государств Персидского залива. Этот план предполагает переход от расчетов в долларах на рынках нефти в течение девяти лет[27].

По нашему мнению, более реальным остается расширение многостороннего сотрудничества с участием Министерства финансов США как ключевого условия исправления глобальных финансовых дисбалансов. Очевидно, что администрация Б. Обамы, в отличие от президента Дж. Буша-мл., в большей степени привержена многостороннему подходу.

Основной угрозой для стабильности является растущий дисбаланс глобальных платежей и растущее беспокойство о вероятности регулирования дисбалансов посредством беспорядочного изменения валютных курсов и международных процентных ставок. Именно такие внезапные изменения могут дестабилизировать и разрушить международные финансовые рынки, от которых страдают все страны. Существует взаимный интерес стран с дефицитами и профицитами платежного баланса как отражение структурной асимметрии между резервными валютами и прочими валютами, поэтому необходим консенсус на международном уровне.

---

[27] Fisk R. The Demise of the Dollar // The Independent. 2009. October 6.

По инициативе Министерства финансов США с сентября 2006 г. действует постоянный переговорный механизм «Стратегический и экономический диалог США – Китай», который стал центральным в международной финансовой политике США[28]. Похожие соглашения США заключили с Саудовской Аравией в 1970-е гг. и с Японией в 1980-е г., чтобы привлечь их ресурсы для сохранения статус-кво.

Очевидно, что при всех колебаниях между политикой «дорогого» и политикой «дешевого» доллара, американская валюта по-прежнему сохраняет и, скорее всего, сохранит статус мировой резервной валюты. В политической и финансовой элитах США сохраняется преемственность курса относительно того, что доллар не должен утратить этот статус не только по экономическим, но и по геополитическим мотивам.

---

[28] U.S.–China Strategic and Economic Dialogue. URL: http://www.treas.gov/initiatives/us-china.

ГЛАВА 2. НЕПОСТОЯННАЯ ПРИРОДА ФИНАНСОВЫХ РЫНКОВ И ПРОИСХОЖДЕНИЕ ФИНАНСОВОГО КОЛЛАПСА

Два института, которые сыграли решающую и конструктивную роль в экономическом развитии в течении столетий – это деньги и рынки. Они ускоряли экономический прогресс и благодаря им достигнуты сегодняшние высоты экономического и технологического развития. И они сами быстро развивались – шли в ногу с общим прогрессом. И хотя главная цель этих институтов – способствовать социальному прогрессу, но сами они порой играют деструктивную роль. Пример тому – последний финансовый кризис, возникший вследствие излишка денег и провалов рынков.

Экономика на основе свободного рынка показала свое превосходство над социалистической экономикой, но имела свои проблемы. Это относится к злоупотреблениям, неэффективности и несовершенству рынков. Они стали использоваться в интересах нескольких компаний в ущерб интересам более широкого сообщества акционеров и общества в целом.

И если коммунизм рухнул из-за игнорирования законов рынка, то капитализму угрожает чрезмерное злоупотребление рынком. На микроуровне один из сегментов финансового рынка – рынок субстандартных ипотечных бумаг рухнул и повлек за собой широкомасштабный финансовый кризис. Остановимся лишь на одном аспекте финансовых рынков, который имеет непосредственное отношение к текущему кризису.

Структура и динамика финансовых рынков

Являются ли финансовые рынки благом или злом? Почему все экономические неурядицы происходят от разного рода финансовых кризисов? Какова особенность денег, банков и финансов, которая делает их очень восприимчивыми к кризису? Чем финансовые рынки отличаются от других рынков? Какое влияние оказывают финансовые рынки на экономику?

Аргумент в пользу свободного рынка часто поднимается на щит рыночными фундаменталистами, чтобы освободить финансовые рынки от любого регулирования. При этом используются доводы в пользу эффективности распределения ресурсов и благосостояния потребителей.

Но финансовые рынки имеют свою специфику в отличие от рынка товаров и услуг, что определяет их большую волатильность и уязвимость, способными вызвать серьезный экономический кризис.

Под рынком в теории понимается не конкретное место, а скорее механизм, который формирует спрос и предложение на различные товары и услуги. Пространство и время преодолеваются развитием технологией доставки и хранения. Размер рынка также определяется величиной доступной информации. Интернет-технологии расширили величину рынка до размера глобального.

Для рынков товаров и услуг характерны географические границы: различают локальные, региональные, национальные и глобальный уровни. Ограничителями этих рынков выступают тип продукта или услуги, а также условия их поставки и хранения, её стоимость. Микроэкономика, основываясь на теории совершенной и несовершенной конкуренции, объясняет механизм ценообразования и распределение силы между продавцами и потребителями в различных рыночных структурах.

В реальности многие рынки сельхозпродукции, промышленных товаров и услуг далеко не конкурентные. Истинный дух капитализма должен сохранить конкурентоспособность рынков. Поэтому правительства имеют антитрестовское (антимонопольное) законодательство, которое пресекает ограничения конкуренции. Цель – позволить конкурентным силам работать на благо общества.

Таков механизм свободного рынка, о котором говорил Адам Смит и который также поддерживали кейнсианцы и желали, чтобы он сохранился. Именно такой рынок изучается в предмете микроэкономика. Но это не значит, что он не представляет интерес в макроэкономике, поскольку оказывает на неё влияние. Например, в рамках макроэкономики обсуждается такой вопрос, как рыночный механизм влияет на размещение ресурсов и экономический рост.

Рыночники-фундаменталисты считают, что рынок – священное животное и его нельзя ни под каким предлогом ограничивать, даже если он имеет негативные проявления. Рыночный механизм способен «охладить» бум и этому не надо препятствовать. Но в реальности рынок часто подменяется государством, особенно на стадии замедления. Такова кейнсианская философия.

Даже Милтон Фридман, один из убежденных сторонников свободного рынка, признает роль правительства в функционировании свободного рынка: «Существование свободного рынка не означает ненадобность правительства. Напротив, правительство необходимо, чтобы определять «правила игры» и в качестве арбитра, чтобы следить за их осуществлением. То, что может делать рынок, надо освободить его от политического влияния и минимизировать участие правительства на рынке»[29].

Но есть еще один аспект рынка, который нуждается в более пристальном анализе, особенно в свете последнего финансового кризиса. Это касается тех инструментов, которые могут вызвать значительную волатильность на рынке. Речь идет, прежде всего, о финансовых инструментах. Рынки товаров и услуг и финансовые рынки сильно разнятся и, исходя из их различий, должен строиться подход к их государственному регулированию.

Рассмотрим особенности функционирования финансовых рынков. Он имеет отношение к ценным бумагам. Само название «фондовый рынок» означает, что на нем обращаются акции и долговые инструменты. Ценные бумаги как одна из форм богатства растут по своим запасам (объемам), т. е. появляются все новые и новые финансовые инструменты. Некоторые долговые бумаги с истекшим сроком обращения погашаются, но

---

[29] Friedman M. Capitalism and Freedom. Chicago, 1982. P.15.

каждый год размещаются новые. Акции имеют неограниченный срок обращения, пока существует компания, их выпустившая. Торговля на этих рынках осуществляется с единой глобальной платформы через Интернет или по телефону (внебиржевые рынки). Они могут обслуживаться через расчетную (клиринговую) палату или не иметь таковой (это касается рынка деривативов, секьюритизированных долгов и др. инструментов).

Финансовые инструменты выпускаются теми, кому нужны деньги, а приобретаются инвесторами, которые имеют деньги. Эти инструменты имеют фиксированную или переменную доходность. В отличие от рынков товаров и услуг, на финансовых рынках бумаги постоянно меняют своих собственников и держателей. Инвесторы часто переформируют свои портфели. Большие объемы торгов на финансовых рынков поддерживают на них стабильность и ликвидность, если торги проходят часто; но иногда на них происходят дестабилизация и крах.

Рынки деривативов – это производные от рынка основных бумаг (акций и облигаций) – это опционы и фьючерсы. Вся инфраструктура рынков (торговые системы, расчетные организации и пр.) регулируется специальными органами, например, в США – Комиссией по ценным бумагам и биржам (SEC), которая разрабатывает стандарты их деятельности.

Перед появлением компьютеров и Интернет, торги проводились в конкретном месте (торговом зале) по телефону. Нью-Йоркская фондовая биржа (NYSE, New York Stock Exchange), NASDAQ и Chicago Board являются официальными центрами торговли фондовыми ценностями в США. Есть также внебиржевые рынки (через прилавок, ОТС), которые дают возможность торговать теми бумагами, которые не прошли листинг на биржах.

Внебиржевой рынок считается местом инноваций. Это связано с тем, что отсутствуют единые правила поведения на рынке. Участники этого рынка вольны в выборе контрагента, вольны в выборе объема торгов и цены исполнения. Если у кого-то есть идея нового инструмента, отличного по особенностям от существующих, который поможет повысить информативность и прозрачность не только рынка производных инструментов, но и всего мирового финансового рынка, то он смело может предложить свою идею внебиржевому рынку производных инструментов.

Государственное регулирование стимулирует финансовые нововведения тем, что заставляет искать лазейки. Например, начиная с конца

1960-х гг. повышение процентных ставок (из-за высокой инфляции) в сочетании с установленным потолком процентных выплат по депозитам и «налогом» на депозиты ограничивало банковскую прибыль. Стремление избежать этих нормативов способствовало появлению финансовых инноваций, в том числе, счетов типа NOW и ATS, однодневных репо-соглашений и взаимных фондов денежного рынка.

Почти все фондовые рынки объединены: весь мир смотрит на Нью-Йоркскую фондовую биржу и индексы семейства Dow Jones, которые говорят о самочувствии мировой экономики. Эти рынки более волатильные, поскольку современные технологии обеспечивают глобальный доступ мгновенно с миллиардными объемами сделок за несколько секунд. По сравнению с рыночной капитализацией компаний, чьи акции размещены на NYSE, которая составила 12,5 трлн долл. в 2011 г., товарооборот на ней в том же году достиг 18 трлн.

На финансовых рынках одно и тоже лицо может быть одновременно и продавцом, и покупателем. Рынок ценных бумаг не является гомогенным, поскольку каждая бумага обладает уникальными характеристиками (риск, доходность, ликвидность). Рыночные характеристики акций, такие как объем размещения, доля акций в свободном обращении, структура владельцев (частные или институциональные) различаются. Поэтому внутри одного фондового рынка каждая бумага как бы имеет свой собственный рынок. Поэтому этот рынок более сложный для изучения его поведения.

Деньги и рынки во время кризиса

Последняя финансовая драма хорошо иллюстрирует душу рынка в период экономического стресса. Поведение рынка зависит не столько от новостей и информации, сколько от того, как реагируют на них участники рынка. Степень оптимизма или пессимизма, с которой они реагируют на информацию, меняется в крайней степени от эйфории к панике. Причем, текущая информация влияет на поведение сильней, чем будущая.

Психология бихевиоризма (от англ. behaviour – поведение), такова, что в период экстремального состояния на рынке оно становится аномальным и раскачивает рынок. «Бычьи» и «медвежьи» движения на рынке обычно сильно отклоняются от тренда, пока не возникнут обратные силы. Такая чувствительность (волатильность) на рынке очень хорошо выражена не только на фондовом рынке, но и на Forex, на товарных рынках под влиянием событий, которые сильно воздействуют на изменение спроса и предложения.

По мере того, как развертывались события в 2008 г., появлялось все больше фактов и информации, которая поступала на рынки и они продолжали все больше падать, поскольку они были негативные. Регуляторы рынка (Комиссии по ценным бумагам, центральные банки, правительства) пытались охладить рынок, принимая необходимые меры и давали надежду на лучшую перспективу. Прежде, чем фондовый рынок пришел в чувства, паника отсюда перекинулась на банки.

Деньги, кредит и ликвидность жизненно необходимы для бизнеса, поддержания деловой активности. Деньги – это чьи-то обязательства, обещания («Я должен Вам»). В нормальных условиях постоянно происходит обмен этими обязательствами центрального или коммерческих банков в процессе деловой активности. Деньги существуют, пока им доверяют и все рушится при потери доверия: недоверие и подозрение порождают страх потерь и он запускает панику. Это может разрушить нормальную деловую активность.

Первая волна неликвидности поразила знаменитые американские инвестиционные банки, затем она ударила по коммерческим банкам. И дальше она распространилась на европейские или японские банки. Растущее подозрение убило ликвидность денег – они были заморожены, они потеряли свою подвижность. Прекратилось межбанковское кредитование, в результате, все больше банков становилось неликвидными и все больше сокращалось кредитование реального сектора, экономика замерла. Если деньги теряют свою активность – это верный путь к рецессии. Все кризисы, которые испытал капитализм за период разворачивающейся глобализации, происходили вследствие слабости этих институтов.

Рынки выполняют важную ценовую функцию и обеспечивают ликвидность, но во время кризиса они не могут выполнить эти функции. Стремление заработать прибыль любой ценой делает поведение иррациональным. Рынки, в т.ч. финансовые, развились дальше тех пределов, которые называются «благоразумная сдержанность». Человеческая рациональность была поглощена чрезмерной жадностью. А деньги вместо своей креативной функции – создавать активы и получать от них отдачу, стали все больше использоваться в спекулятивных сделках.

В порядке вещей, что компании терпят банкротства, люди теряют деньги, активы не приносят доходы и ссуженные деньги не возвращаются. Это обычные издержки, которые несет система. Но, если эти явления принимают угрожающие масштабы, то они подрывают всю систему.

Экономическая система обычно находится на автопилоте. Поэтому, должен быть постоянный мониторинг, когда какие-либо нарушения выходят за нормальные границы. Кризис происходит как результат, когда несколько факторов начинают действовать вместе, что происходит неожиданно. Рынки деривативов и рисковые позиции (exposures) базируются на том, что вероятность реализации неблагоприятных факторов очень низкая (т.н. «хвостовое» событие). Данное событие известно как системный риск (оно не является «черным лебедем»). Хотя его нельзя точно предсказать, но оно становится все более вероятным при стечении ряда обстоятельств. В таком случае, обладание информацией о наращивании рисков становится критически важным. Она должна быть доступна регуляторам и главным участникам рынка. Но не все имеют доступ к ней. Именно это делает кризис непредсказуемым.

Рассмотрим далее, как происходит нарастание системного риска и крах на фондовом рынке, который получил образное название «Эффекта Ниагары» (Вставка 3).

Экстремальный эффект Ниагары может привести к краху цен на бумаги до такого уровня, что рынок становится неликвидным. На рынке остаются только продавцы и нет покупателей. Поскольку рынок не способен оценить справедливую стоимость бумаг, портфели ликвидируются с большими потерями и это приводит к образованию большой «черной дыры» во всей финансовой системе, в которой «сгорают» все активы. Причем это наблюдалось не только в США, но и в других странах.

Эти рынки растут астрономическими темпами, они не имеют централизованного расчетного механизма поэтому они наиболее уязвимые и инфекционные, поскольку распространяют свое негативное влияние на другие рынки, банки и всю финансовую систему.

Много финансовых инструментов обращаются на таких рынках – это субстандартные долговые бумаги, CDS, другие экзотические опционы

ВСТАВКА 3

Эффект «Ниагары» на финансовых рынков, или Как происходят крахи

Участник финансовых рынков может быть покупателем по одной цене и тот же покупатель может быть продавцом по другой цене. Эта отличительная особенность финансовых рынков делает их уязвимыми и волатильными.

Это можно проиллюстрировать на рисунке 1. D1, D2, D3, D4 и D5 – кривые спроса, а S1, S2, S3, S4, и S5 – кривые предложения. Пусть D1 и S1 – первоначальный спрос и предложение, с ценой P1. На товарном рынке всякий раз, когда растет предложение, кривая смещается вниз.

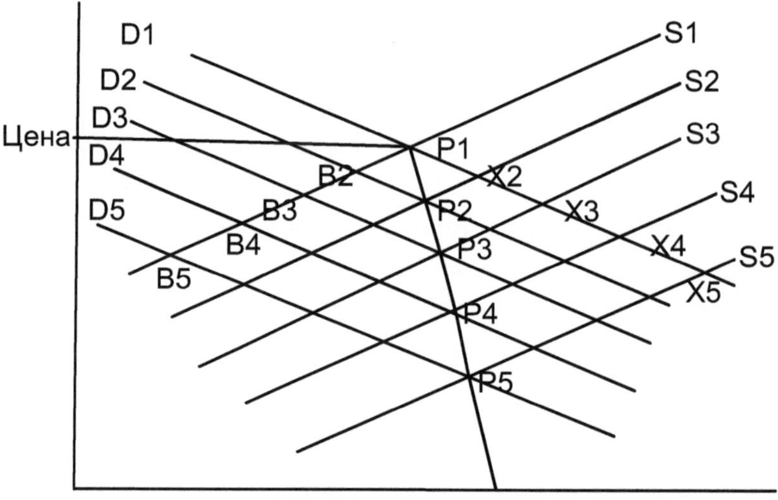

Рисунок 5. Реализация «эффекта Ниагары» на падающем рынке

Если кривая спроса остается стабильной D1, а цена P1 перемещается в т. X2. Если предложение будет расти и далее (двигаясь в направлении S3, S4, и S5), цена тоже будет смещаться вниз (от X3 до X4 и до X5). Итак, падение цены демонстрируется линией [P1 X5]. Таков плавный процесс снижения цен на товарном рынке.

Как уже отмечалось, на финансовом рынке продавцы и покупатели выступают как одно лицо. Вернемся опять к этому рисунку. Кривые D1 and S1 уже применительно к ценным бумагам. Цена на уровне P1 при открытии рынка. Плохие новости, поступающие на рынок обернутся понижением спроса и ростом предложения одновременно. Те, кто были покупателями либо покидают рынок либо переходят на сторону продавцов. Поэтому предложение растет, а спрос падает сильнее, чем на обычном рынке. Обе кривые сдвигаются вниз (D2 и S2) с новыми ценами в т. P2. Плохие новости становятся еще хуже. Спрос перемещается к D3, а предложение к S3 и так далее до D4 и S4, D5 и S5.

Предложение аналогично растет от S1 до S5, а спрос перемещается от D1 до D5. Цены резко падают от P1 к P2, от P3 к P4, и далее до P5. И это падение гораздо круче, чем на товарном рынке от P1 к X5. Это и есть так называемый «Эффект Ниагары». Когда цены не снижаются, а падают почти вертикально, мы наблюдаем эффект подобный водопаду на реке Ниагара. Такой эффект присущ ценам на фондовом рынке, нежели на товарном. На последнем цены более стабильны и не настолько волатильные, как на финансовом рынке. Последний кризис в США, начавшийся на рынке субстандартных ипотечных бумаг, принес огромные потери для всей банковской системы. Цены на эти бумаги как раз продемонстрировали эффект Ниагары.

Источник: Nayak S. The Global Financial Crisis. Genesis, Policy Response and Road Ahead. New York, 2013. P.42–43.

и фьючерсы. Этот рынок рос стремительными темпами в десятилетие до кризиса. К тому же, эти рынки не регулируются, поэтому представляют зону повышенной опасности, поскольку в него вовлечены большое количество банков, финансовых институтов, страховых компаний, «слишком больших, чтобы лопнуть».

Если бы этот рынок оставался местом, где действовали только бы хедж-фонды или спекулянты, то их рисковое поведение не представляло бы системной угрозы. Иногда даже крах одного крупного хедж-фонда может нанести системный ущерб. Примером может служить крах фонда долгосрочного капитала LTCM. Его связи с другими финансовыми институтами были настолько обширными (напомним, что «плечо», т. е. соотношение заемных и собственных средств у него составляло 25:1), что его банкротство могло вызвать системный кризис. Поэтому ему была предоставлена поддержка его банками-кредиторами в сентябре 1998 г. и удалось предотвратить кризис.

Но этого не случилось в отношении банка Lehman Brothers. Его банкротство вызвало волну паники на рынке и привело к кризису. Действие во время кризиса как в ходе военных действий должно быть быстрым и решительным. Здесь необходимо рассчитать реакцию рынка, а также необходимо обеспечить принятые решения достаточными финансовыми ресурсами, чтобы предотвратить дальнейшие разрушения финансовой системы.

Эффективность versus уязвимости финансовых рынков

Рынок – это торговый механизм. Он должен выполнять ключевые функции: устанавливать истинные цены, обеспечивать ликвидность, быть равноправным по отношению и к продавцам, и к покупателям, не ущемляя интересы ни одной из сторон. Для этого он должен быть конкурентным и прозрачным. Если это выполняется, то рынок действует эффективно и не должен вызывать беспокойство. Но, все же, у финансовых рынков есть врожденная тенденция быть изменчивыми, что не присуще обычным (товарным) рынкам (кроме экстраординарных случаев острых дефицитов или излишков).

Есть несколько элементов, присущих индустрии финансовых услуг и рынков. Можно выделить три ключевых фактора, определяющих поведение на финансовых рынках: процентные ставки, риск потерь (VAR) и ожидаемая доходность. И все финансовые решения, расчеты, модели вращаются вокруг этих факторов. Только текущая процентная ставка известна, а риск и доходность оцениваются, но все эти факторы непрерывно изменяются. Их изменчивость подчиняется определенной циклической траектории. Во время подъема процентные ставки медленно растут, риск остается низким, но также имеет тенденцию к росту. Ожидаемая доходность, которая в начале оценивается высокой, постепенно будет снижаться. В основе оценки риска не могут использовать нормальное распределение доходностей, которое не будет постоянным в ходе циклического развития рынка. Колоколообразная кривая распределения смещается вправо (правосторонняя асимметрия) вслед за тем, как рынок перемещается со дна до вершины. В обратном движении рынка (от вершины до дна) кривая смещается влево (левосторонняя асимметрия), означая, что инвестиции принесут потери, а если выводить инвестиции, то фиксируешь прибыль (рис. 6).

Фондовые рынки всегда находятся под влиянием настроений его участников. Они постоянно реагируют на мнения миллионов инвесторов (крупных и мелких), их мотивы и перспективы. Помимо математических оценок существуют и субъективные суждения. Постоянный поток информации, благоприятный или нет, меняет суждения и оценки. Внезапные изменения происходят не только от внешней информации по отношению к рынку, но и в результате изменений рыночных настроений. Рынок постоянно находится во власти своих участников. Следовательно, есть волны, которые могут наблюдаться за короткий промежуток времени (в течение дня) и в длинном промежутке (2–3 года и дольше). Таким образом, траектория рынка описывается вероятностными представлениями, формируемыми субъективными факторами.

Все статистические и математические формулы, которые измеряют риск, оказываются неспособными учесть внезапные события, которые являются «ненормальными» и вызывают кризис. Нисим Талеб назвал их «черным лебедем» (black swan), происходящее одно на миллион, которое не происходит с регулярностью и поэтому непредсказуемо[30].

---

[30] См.: Taleb N. The Black Swan. New York, 2007.

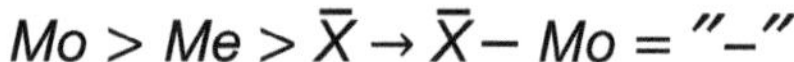

Асимметричное распределение

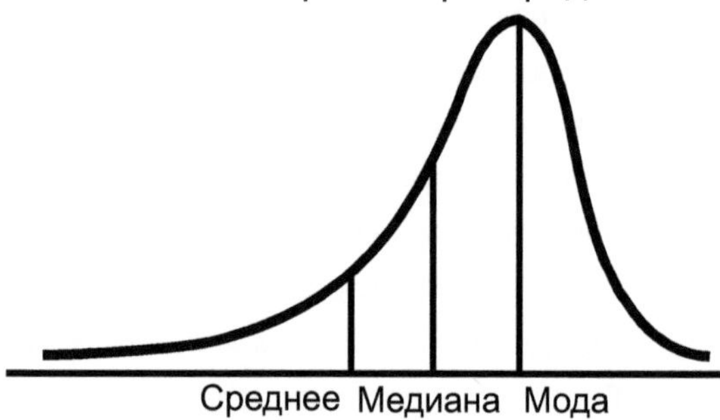

$$Mo < Me < \overline{X} \rightarrow \overline{X} - Mo = ''+''$$

Асимметричное распределение

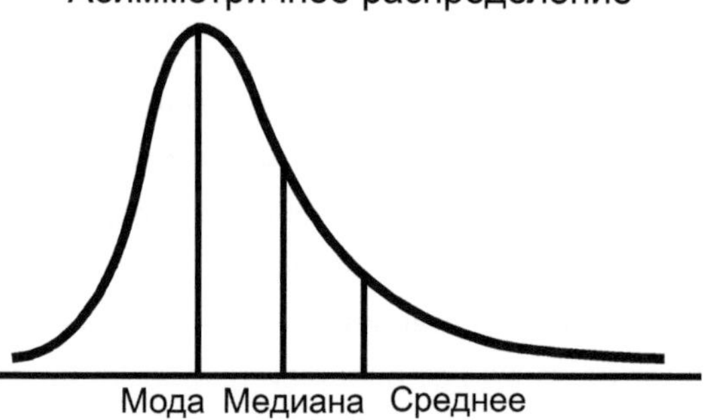

Рисунок 6. Левосимметричный (отрицательный) скос; правосимметричный (положительный) скос

Величина асимметрии измеряется коэффициентом $As = \frac{\bar{x}-Mo}{\sigma}$ или $As = \frac{\bar{x}-Me}{\sigma}$, где $\bar{x}$– это среднее взвешенное; Mo – мода; σ – среднеквадратичная взвешенная дисперсия; Me – медиана. Его величина может быть положительной и отрицательной. В первом случае речь идет о правосторонней асимметрии, а во втором – о левосторонней. Положительная (правосторонняя) асимметрия означает: маленькие частые убытки, редкие большие прибыли; длинный хвост справа; мода меньше медианы, медиана меньше среднего (mean > median > mode); более половина отклонений негативны, менее половины – позитивны; благоприятное распределение для инвесторов.

Питер Бернстайн в своем блестящем анализе попыток ученых и экономистов количественно оценить риск и предсказать будущие экономические события, выявляет недостатки всех этих теорий, законов, инструментов и методов: «Мы не в состоянии ввести в компьютер данные о будущем, потому что они нам недоступны. Поэтому мы черпаем данные из прошлого, создавая наши модели для принятия решений, будь они линейные или нелинейные. Но попадаем в логическую ловушку: прошлые данные из реальной жизни составляют последовательность непрерывных связанных событий, а не множество независимых наблюдений, которые необходимы, чтобы рассчитать вероятность. История дает нам только одну выборку экономики и рынков капитала, а не 1000-и отдельных и случайно распределенных данных. Даже если множество наблюдаемых данных описываются нормальным распределением, картина никогда не будет совершенной. Подобие правды не является самой правдой. Именно в этих выбросах и несовершенствах на кривой распределения скрывается много неизвестного»[31]. Кризисы как раз скрываются в этих пространствах, неохваченных моделями.

Бенуа Мандельбро, автор фрактальной теории, назвал эти события в виде «толстых хвостов» в колоколообразном распределении. Особенно характерны они для финансовых рынков с большими потерями, чем допускается нормальным распределением. «С 1916 г. по 2003 г. ежедневное движение индекса Доу-Джонса (Dow Jones Industrial Average) на карте не выглядит как нормальное распределение. Толстые хвосты обозначены гораздо выше. Теория предлагает, что только 58 дней за это время Индекс мог двигаться более, чем на 3,4%; а на деле это наблюдалась в течение 1001 дней. Теоретически, только 6 дней колебание индекса может выходить за диапазон 4,5%; а на деле таких дней было 366. Индекс может колебаться на более, чем 7% только раз в 300 тыс. лет; на деле в XX веке таких дней было 48. Действительно, или время такое тяжелое, которое опровергает все наши предсказания, или наши предположения неверны»[32].

---

[31] Bernstein P.L. Against the Gods: the Remarkable Story of Risk. New York, 1996. P.335.

[32] Mandelbrot B.B, Hudson R.L. The (Mis) behaviour of Markets: A Fractal View of Risk, Ruin and Reward. London, 2004. P.13.

Мандельбро приводит недостатки теории эффективных рынков (Гипотезы случайных блужданий и модель САРМ), которые основываются на нормальном распределении изменении цен. Эти элегантные теории базируются на двух ключевых предположениях: 1) изменения цен статистически независимы; и 2) нормально распределены.

Исследования за последние десятилетия показали, что применительно к финансовым рынкам это не выполняется. Статистические и математические оценки на основе закона нормального распределения не соответствуют реальности фондового и валютного рынков. Более того, они имманентно непостоянны. Рынкам присуща внутренняя неопределенность, поэтому «пузыри» неизбежны. «Из-за самоповторения в масштабе сложно принимать решения и опасно прогнозировать. Прогнозирование цены – путь к краху, но можно оценить вероятность будущей неустойчивости. Не все так безнадежно. Рынки турбулентные, обманчивые, имеют тенденцию к образованию «пузырей», заполнены ложными трендами. Может быть, прогнозирование цены вообще невозможно. Но оценить риск – совсем другое дело».

Во многих случаях кризис случается вследствие сложной суперструктуры деривативных продуктов, которые дают чувство защищенности пользователям, но не дают возможности рассчитать возможные потери при аномальных событиях. Самая резкая критика ценообразования на деривативы исходит от Мандельбро: «Если Вы хотите использовать вероятность в модели по финансовым рынкам, надо лучше подобрать тип вероятности. Реальные рынки необузданные (дикие). Ценовые колебания могут быть ужасающими, с более разрушительными последствиями, чем это предполагают ортодоксальные финансы. Это значит, что отдельные акции или валюта представляют больший риск, чем принято считать. Торговые стратегии могут совпадать, а портфели вместо распределения риска, могут его усиливать; всякий раз, когда в расчетах используется кривая нормального распределения, ошибка неизбежна»[33].

Более точная, мультифрактальная, модель бурных колебаний цен ведет к новой и более надежной финансовой теории. Понимание фрак-

---

[33] Mandelbrot B.B, Hudson R.L. The (Mis) behaviour of Markets: A Fractal View of Risk, Ruin and Reward. London, 2004. P.105.

тальной бурной случайности, примерами которой служат такие различные явления, как турбулентный поток, электрический шум и движение цены акций или облигаций, не принесет инвестору благосостояния. Но только фрактальное видение рынка позволяет оценить высокую вероятность катастрофических ценовых изменений.

Имеют ли рынки память?

Хотя эффективность свободного рынка никто не подвергает сомнению, пришло время установить эффективность финансового рынка, поскольку исходное положение о «непорочности» свободного рынка неприложимо к финансовым рынкам. Есть два аспекта финансовых рынков, которые уже длительное время исследуется: 1) являются ли финансовые рынки эффективными; 2) являются ли они предсказуемыми? Почему они очень изменчивы и как сделать так, чтобы они были скорее конструктивными, чем деструктивными?

Проблемы их эффективности и изменчивости никак не связаны между собой. Рынок считается эффективным, если вся информация о бумагах немедленно отражается в их ценах. Это предполагает, что у всех участников есть равный доступ к новой информации и они ведут себя рационально. Это-технический аспект рынков и он определяется технологией проведения торгов, институциональной и регулирующей структурой, системой раскрытия информации, поведением участников рынка.

Второй аспект касается возможности его предсказания, от чего зависит потери/выигрыши инвесторов. Теоретической основой является гипотеза случайного блуждания (random walk hypothesis), которая утверждает, что прошлое поведение ничего ни говорит о том, как будет вести себя рынок в будущем. Прошлая тенденция не имеет никакого прогнозирующего качества. Поведение рынка аналогично случайному блужданию. Эту теорию оспаривают ряд математиков, которые применяют теорию хаоса и фракталов к поведению рынка и приходят к выводу, что у рынков есть определенная закономерность в трендах (силы, которые восстанавливают его исторический тренд) и их можно предсказать (хотя и не полно).

Мандельбро, который применял фрактальный анализ к ценам на фондовых рынках, обнаружил поведение, подчиняющееся определенному тренду. Изучив поведение индекса Доу-Джонса за 100 лет, он обнаружил, что «стандартная финансовая модель ошибочна» и предложил вместо ГЭР использовать гипотезу фрактального рынка. Фрактальный анализ, будучи достаточно сложным предметом, тем не менее, может помочь прогнозировать рост или падение цен, а, значит, ценообразование и движение рынка не будет абсолютно непредсказуемым.

Согласно ему, цены на финансовые активы имеют память. Во-первых, изменение цен не является независимым друг от друга. Исследования в течение многих десятилетий показали, что цены на финансовых (фондовых) рынках имеют своего рода «память». Сегодня влияет на то, что будет завтра[34]. Этот феномен положительной обратной связи был представлен несколькими экономистами в различных формах.Х. Мински назвал это «Гипотезой финансовой нестабильности»[35]; Дж. Сорос представил собственную модель «финансовой рефлексивности»[36].

Если рынки эффективны, то немногим бы удалось заработать прибыль от торговли. Но это не значит, что конкретный инвестор не получал бы прибыль на эффективном рынке. Прибыль или убытки на рынке есть результат изменения цен на двух разных интервалах времени. Но как поведет себя рынок в будущем – непредсказуемо. Завтрашние цены зависят от завтрашней информации, и если инвестор хорошо информирован о том, что будет завтра, то он заработает прибыль, если нет, – то убыток. Но даже на эффективном рынке инвестор может извлечь прибыль на будущих ожиданиях.

Неэффективные рынки обеспечивают больше возможности зарабатывать прибыль из-за более медленной реакции цены на информацию.

Гипотеза случайного блуждания утверждает, что рыночные цены ведут себя случайным образом и нет никакого способа, которым можно предсказать будущий курс цен на основе прошлой тенденции. Результат – то, что рынки непредсказуемы. Прошлые данные о рынке бесполезны, чтобы предсказать будущее. Эта гипотеза не выдерживала статистическую проверку с помощью более эффективных моделей.

---

[34] Ibid. P.11–12.

[35] Minsky H.P. The Financial Instability Hypothesis: An Interpretation of Keynes and an Alternative to «Standard» Theory // Nebraska Journal of Economics and Business. 1978. Vol.16. N.1. P.13.

[36] См.: Сорос Дж. Алхимия финансов. М., 2010.

Кроме экономистов и математиков, есть еще одна группа исследователей, которые пытаются построить модель на основе хаотичного поведения цен или шумов – это технические аналитики. Но нет совершенных моделей для предсказания рынка. Технические аналитики не используют сложные математические и статистические модели, а выводят тенденцию из визуального или графического представления данных (главный принцип теханализа – все повторятся). Чарльз Доу был одним из первых, кто ввел понятие цикла на финансовых рынках. Под этим подразумевается, что цена движется похожими моделями, которые имеют некую завершенную форму, выявление которой позволяет трейдеру делать прогноз в будущее.

Эффективность рынка означает, что вся публичная информация тут же отображается в ценах. Но они ничего не говорят, можно ли предсказать рынок. Прибыль можно заработать на том, что ты первый входишь на рынок после получения хороших новостей. Но возможность заработать прибыль меньше на эффективном рынке. Знание и понимание рыночного тренда очень важно для оценки состояние рынка и тех ценных бумаг, которыми торгуют. Умения, интуиция и искусство интерпретации данных определяют успех на рынке. Это не только игра в «угадай-ку», но трезвый расчет на основе доступной информации и знаниях.

Революция в информационных технологиях и быстрое распространение информации по более дешевой стоимости повысило эффективность рынков. Естественно, цены стали более волатильными из-за «стадного эффекта». Информация сейчас поступает непрерывным каскадом и расширяют амплитуду колебаний цен: вместо плавного движения цен мы имеем резкие скачки. Возможность зарабатывать прибыль также зависит от способности судить на основании изменении цен во времени (таймфреймы). Основные принципы технического анализа неизменны и не зависят от периодичности данных на вашем графике (будь то часовой, дневной, недельный, месячный график и т. д.). Благоприятные возможности для торговли существуют на любом временном интервале. Но для каждого временного периода требуются свои настройки инструментов технического анализа.

Таймфрейм может быть 15-минутный или часовой, дневной или недельный; месячный, годовой или пятилетний. Можно терять на одном интервале и выигрывать на другом. Время и события определяют цену, выигрыш и потери. Рациональность и однородность инвестора – еще один

ВСТАВКА 4

Условия для поддержания стабильности фондового рынка

Стабильность рынка в значительной степени является вопросом ликвидности. Ликвидность доступна, когда рынок состоит из многих инвесторов со многими различными инвестиционными горизонтами. Таким образом, если поступает порция информации, которая вызывает серьезное снижение в цене в коротком инвестиционном горизонте, на рынок придут долгосрочные инвесторы, чтобы осуществить покупку, поскольку они не оценивают информацию так высоко. Тем не менее, когда рынок теряет эту структуру, и все инвесторы имеют один и тот же инвестиционный горизонт, рынок становится нестабильным, поскольку нет ликвидности.

Ликвидность – это не то же самое, что и объем торговли. Это балансирование спроса и предложения. Потеря долгосрочных инвесторов заставляет весь рынок торговать, основываясь на одном и том же информационном множестве, которое, прежде всего, является техническим, или на поведении толпы. Как правило, рыночный горизонт становится краткосрочным, когда долгосрочная перспектива становится очень неопределенной – то есть, когда происходит некоторое событие (часто политическое), которое делает текущее долгосрочное информационное множество ненадежным или воспринимаемым как бесполезное. Долгосрочные инвесторы или прекращают участвовать, или становятся краткосрочными инвесторами и начинают торговать также на основании технической информации.

Рыночная стабильность полагается на разнообразие инвестиционных горизонтов участников. Стабильный рынок – это тот рынок, на котором многие инвесторы с различными инвестиционными горизонтами торгуют одновременно. Рынок устойчив, потому что различные горизонты оценивают информационный поток по-разному и могут обеспечить ликвидность, если происходит крах или паническое изъятие вкладов в одном из многих инвестиционных горизонтов.

Источник: Петерс Э. Фрактальный анализ финансовых рынков. Применение теории Хаоса в инвестициях и экономике. М., 2004.

аспект, который влияет на рыночные цены по-другому, чем в стандартной модели. Финансовые рынки не являются гомогенными и включают тысячи рынков для тысячи ценных бумаг. Различные рыночные участники имеют различные профили, цели, временные горизонты инвестирования, склонности к риску и ликвидность. У всех у них различные масштабы операций, помимо большого количество небольших инвесторов имеются крупные институциональные инвесторы, которые доминируют на рынке, а также хедж-фонды и суверенные фонды. Эти группы также не являются гомогенными, от долгосрочных пенсионных и взаимных фондов до краткосрочных инвестиционных банков и хедж-фондов. Их торговые стратегии и реакции на информацию не однородны (Вставка 4).

Динамика циклов бумов – спадов

Феномен экономических кризисов, финансовых коллапсов, крахов фондовых рынков, циклов бумов-крахов исследованы в обширном труде Чарлза Киндлебергера и Роберта Элибера[37]. История начинается с исследований экономических бумов времен «Тюльпаномании» в 1636 г. в Амстердаме и заканчивается крахом индекса Токийской биржи Nikkei в 1990 г. и интернет-компаний (dot-com) в 2000 г., что высветило несколько общих элементов, которые лежат в основе бумов и эйфории и за которыми следуют крахи и паники.

Хотя они не исследовали психологические факторы и поведение социальных групп, все циклы показывают типичное поведение вследствие фундаментальных экономических факторов и жаждой обогащения. Инфляция цен на активы действует в качестве возбуждающего средства или адреналина, которая заставляет экономику развиваться бешенными темпами. Но этот рост может быть хрупким, если не поддержан экономическим фундаментом. «Смогло ли снижение цен на луковицы тюльпанов привести к снижению экономической активности? Ответ – да, поскольку домашние хозяйства стали более осмотрительны в своих тратах, когда их богатство

---

[37] См.: Kindlberger C., Aliber R. Manias, Panics and Crashes: A History of Fi-nancial Crisis. Hoboken, 2005.

уменьшилось»[38]. Важно то, чтобы экономика не вошла в рецессию, когда адреналин прекращает вырабатываться после того, как рынки рухнули.

Во-первых, когда цены на активы растут, то это обычно поддерживается дешевым кредитом. Дорогой кредит и ограниченная доступность кредита не могут более ускорить повышение цен на активы. В условиях благоприятной экономической конъюнктуры и быстрого роста цен на активы растет уровень левереджа. Излишний спрос на активы раскручивает цены и растущие цены становятся «самосбывающимся пророчеством»[39].

Эта положительная обратная связь подкрепляется эффектом богатства: чем больше размер чистых активов, тем больше стремление тратить. Растущая денежная стоимость богатства домашних хозяйств приводит к росту потребления за счет доходов, полученных от роста капитала (чистой стоимости активов). Растущее потребление привлекает больше инвестиций и, таким образом, это придает сильный стимул для роста экономики. Рост продолжится до того момента, когда дальнейший рост цен будет казаться иррациональным и неустойчивым (Вставка 5).

Повышенный спрос на новые выпуски приведет к росту котировок акций, поскольку они не имеют срока погашения (бессрочные). Но они не могут расти до бесконечности, поскольку их стоимость связана с величиной долга. Растущая цена отражает стремление покупателей получить будущий доход от прироста цены (капитала). Излишний спрос приводит к излишнему выпуску акций (сверх того, что нужно компании, чтобы финансировать свои проекты). Похожий бум на фондовом рынке наблюдался в США в конце 1990-х гг. на рынке акций интернет-компаний.

---

[38] Ibid. P.117.

[39] «Самосбывающееся пророчество» (a self-fulfilling prophecy) – это предсказание, которое прямо или косвенно становится истинной, поскольку существует положительная обратная связь между верой в пророчество и поведением тех, кто в это верит. Изначально ложное предположение вызывает такое поведение, которое делает его истинным (см.: Merton R.K. Social Theory and Social Structure. New York, 1968. P. 477). Это показная «действительность» увековечивает господство ошибки, поскольку пророк выдает фактический ход событий как доказательство его правоты с самого начала. Другими словами, положительное или отрицательное пророчество, которое становится господствующим убеждением или заблуждением, объявляется как правда, когда это фактически ложь – сильно влияет на поведение людей и приводит к его исполнению. Очень хороший пример из греческой легенды о царе Эдипе, который убил своего отца и женился на собственной матери, т. е. поступил так, как предсказал ему дельфийский оракул.

ВСТАВКА 5

Как зарождался «пузырь» на рынке жилья в США

Отмена ограничений на жилищный кредит облегчило домашним хозяйствам покупку недвижимости в кредит. Этот кредит поддерживал спрос и двигал цены с временными замедлениями в конце 1980-х гг. и в начале 1990-х гг. Поскольку цены на жилье росли, то эти экономисты считали, что богатство и выгоды от прироста капитала перераспределялись от тех, кто только входил на рынок с более низкими доходами в пользу тех, кто уже владел жильем в течение более длительного периода. Рынок недвижимости стал напоминать гигантскую пирамиду по схеме Понци-финансирования, что является критически важным пунктом в гипотезе финансовой нестабильности Мински.

Как только возрастающие цены на недвижимость считаются само собой разумеющимся, те, кто выходит на рынок с большим долгом надеются на получение дохода от прироста капитала в будущем, поэтому готовы сегодня платить по долгам большую часть своего дохода. Политически это рассматривалось как наиболее приемлемый вариант решения проблемы жилья.

Рост стоимости на недвижимость и финансовые активы изменял сберегательное поведение среднего класса. До этого средний класс сберегал пассивно: сбережения откладывались, чтобы поддержать будущее потребление при выходе на пенсию. Начиная с 1980-х гг. активное сберегательное поведение, направленное на получение постоянного дохода, стало все больше распространяться среди собственников. Инфляция цен на активы послужила зарождению альтернативной модели «благосостояния среднего класса», делавшему ставку на заимствования, покупку дорожавшего жилья с последующей его перепродажей. Действительно, это поведение напоминало своеобразную воронку – сделки с активами затягивали, превращаясь в поток постоянного дохода. Такой механизм стал популярным объяснением зарождения тех сил, которые привели к «Великой умеренности» (по словам Б. Бернанке).

Такая модель поведения привела к тому, что норма сбережений упала до нуля или даже отрицательного значения в США или Великобритании. Но, где-то к 2006 г., такая модель стала давать сбои. Потребительские расходы возрастали на протяжении 16 лет, поскольку семьи «просаживали» свои новые доходы и при этом еще брали кредиты. Американский потребитель был нагружен долгами, причём отношение долгов к располагаемому доходу выросло с 10% в начале 1990-х к 100% в 2000 г. к 140% в 2008 г. Такое наращивание задолженности, как заявлял вице-президент ФРС, «вряд ли повторится». Если рост активов смягчил два последних экономических спада, то падение цен может еще более усугубить следующий подобный спад. Молодые люди на старте своей карьеры не могли себе позволить начинать жить в долг, даже если были перспективы прироста капитала в дальнейшем в более зрелом возрасте. Спекулятивный пузырь на рынке жилья был наиболее надутым, а прирост капитала как источник дохода для выплаты долга был самым значительным.

Бум закончился вначале на рынке субстандартных ипотек, где доходы были наименьшими, а рынок менее ликвидным, а чрезмерный долг имел единственный источник выплаты – низкие и ненадежные доходы, а не прирост капитала. После того, как кредитование стало сокращаться, инфляция активов обернулась их дефляцией. Покупатели жилья стали больше тратить своих денег в условиях сокращения кредита. Повышение первоначального взноса сократило количество заемщиков, способных удовлетворять более жестким требованиям кредитования. Более того, когда стоимость жилья стала падать, излишек залоговой стоимости над величиной задолженности исчез и даже оказался меньше.

В такой ситуации, долг, который раньше можно было списать за счет выгодной перепродажи жилья (этому механизму даже придумали название «Ипотечное выведение денег под залог домов» или MEW – mortgage equity withdrawal) – теперь должен был выплачиваться напрямую за счет дохода. При падающей стоимости домов и коллапсирующей MEW, домохозяйства не могут более использовать свои дома как банкоматы, чтобы занимать деньги в их счёт. Проблема чрезмерного долга в экономике вынудила домашние хозяйства повысить норму сбережений.

Таким образом возникла типичная ситуация порочного круга: «дефляция – рост бремени долга»: индивид стал из своего дохода большую часть направлять вместо потребления на выплату долга, а фирмы в такой ситуации сократили траты на приобретение нового оборудования. Снижающаяся кредитоспособность фирм и домашних хозяйств сокращает их возможность получить кредит в будущем.

Уменьшая текущие расходы, дефляция активов приводит экономику к рецессии. Последняя приводит к снижению цен на товары и услуги (индекс потребительских цен, индекс розничных цен, или дефлятор ВВП). Если цены начнут падать, круг долговой дефляции еще больше замкнется, поскольку падающие цены увеличивают реальную стоимость долга в экономике.

Источник: Ипотечный кризис в США (2007). URL: http://ru.wikipedia.org/wiki/(2007)

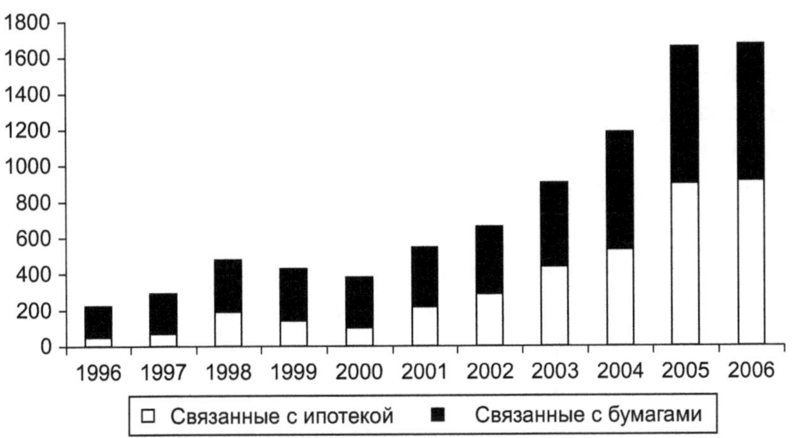

Рисунок 7. Выпуск бумаг секьюритизации в США в 1996–2006 гг. (не агентства, частные эмитенты, в млрд долл.)

Источник: Huertas T.F. Crisis: Cause, Containment and Cure. New York, 2010. P.33.

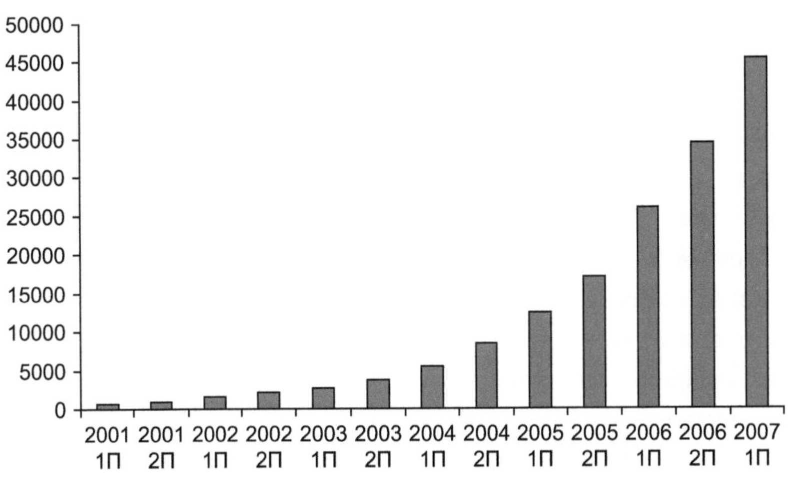

Рисунок 8. Кредитные деривативы по полугодиям в 2001–2007 гг. (условная сумма задолженности, в млрд долл.)

Источник: Huertas T.F. Crisis: Cause, Containment and Cure. New York, 2010. P.35.

В прошлом акционеры не очень одобряли сверхкапитализацию, поскольку доход в пересчете на акцию снижался. Но когда ожидаемые доходы от инвестиций намного больше, чем процентная ставка по заемным средствам, которая, в свою очередь, выше дивидендов по акциям, то выпуск акции – самая рациональная форма прироста капитала.

Этот излишек собственного капитал имел отношение к буму на рынке акций – и как причина, и как следствие бума. Замещение заемного капитала выпуском акций имеет еще одно преимущество-прибыль до вычетов налогов может увеличиться на величину сокращения процентных выплат. Если не было замещения, то этот излишек шел на приобретение краткосрочных финансовых активов. Этот излишек капитала был ответственен за бум сделок слияний и поглощений, реструктуризацию баланса компаний, что было характерна для корпоративного сектора, начиная с 1980-х гг.

В то время, как восходящее движение выгодно для всех, проблемы возникают, когда цены начнут снижаться или падать. Паника более сильная, чем жадность. Боль от потери намного больше, чем удовольствие от выгоды: выбор состоит скорее в том, чтобы избежать боли, чем получить удовольствие от выгоды. Поэтому, крахи более явно выражены и внезапные. Учитывая позиции с левереджем (созданным с помощью эффекта рычага), потери растут геометрически. Такова основа динамического развития рынков через циклы бумов-крахов.

Рассуждения о пользе/вреде спекуляций напоминают дискуссию о том, является ли ядерный синтез продуктивным или деструктивным процессом? Также, как одни спекуляции могут настроить экономику на путь роста, другие (неподкрепленные действительностью) привести к краху. Дж.М. Кейнс точно описал этот аспект в своей теории: «Спекулянты не приносят вреда, если они остаются пузырями на поверхности ровного потока предпринимательства. Однако положение становится серьезным, когда предпринимательство превращается в пузырь в водовороте спекуляции. Когда расширение производственного капитала в стране становится побочным продуктом деятельности игорного дома, трудно ожидать хороших результатов»[40]. То, что действительно важно-когда экономический

[40] Цит. по: Кейнс Д. Общая теория занятости процента и денег. М., 2002. URL: http://sbiblio.com/biblio/archive/keyns_the_common_money_theory/13.aspx.

бум становится более конструктивным, а не спекулятивным и не вырождится в пузырь, если экономический потенциал обеспечивает реальный рост, а не инфляцию цен.

Информационная асимметрия и финансовая уязвимость

Теория асимметричной информации, по мнению Ф. Мишкина, привлекательна для объяснения природы финансового кризиса, поскольку раскрывает сущность финансовой системы, подвергающейся нестабильности, т. е. фактически теория асимметрии информации дает четкое определение объекта финансового кризиса – финансовой системы[41].

Определяя финансовую систему как объект финансового кризиса, Ф. Мишкин рассматривает финансовый рынок как наиболее наглядную форму проявления нестабильности (Вставка 6).

С точки зрения концепции асимметричной информации финансовый кризис представляет собой «нелинейное разрушение финансовых рынков, на которых проблемы неблагоприятного выбора заемщика и морального риска приобретают большое значение.

Финансовые рынки не могут эффективно направлять средства тем заемщикам, которые обладают наиболее продуктивными инвестиционными возможностями.

Ф. Мишкин выделяет четыре категории факторов, вызывающих финансовые кризисы: 1) рост процентных ставок, что приводит к более рискованным проектам; 2) рост неопределенности на финансовых рынках в результате краха финансовых институтов, рецессий, политическая нестабильность затрудняет для кредитора выбор надежного заемщика; 3) влияние рынков активов на состояние балансов. Сокращение чистой стоимости в результате краха на фондовом рынке побуждает также компании осуществлять эти сделки с повышенным риском, что повышает моральный риск для кредитора; 4) банковская паника.

---

[41] См.: Mishkin F.S. Asymmetric Information and Financial Crises: A Historical Perspective // Financial Markets and Financial Crises. Chicago, 1991.

ВСТАВКА 6

Нарастание кризисной ситуации в азиатских странах (1997–1998 гг.): взгляд Ф. Мишкина

Ф. Мишкин применил свою теорию финансовой уязвимости к азиатскому кризису. С его точки зрения, самый важный фактор, который в конечном счете вызвал кризис в Азии – это ухудшение балансов банков: «История началась с финансовой либерализации, результатом чего стал бум заимствований, который подпитывался притоком капитала».

После отмены ограничений, огромные потоки иностранного капитала хлынули в развивающиеся азиатские экономики (в основном, это были займы). Следствием этого стал кредитный бум. Кредитный бум привел к повышенному риску. Во-первых, банки были неспособны «переварить» капитал, и в результате национальная банковская система накопила огромный долг, который вкладывала в рискованные проекты. Во-вторых, на развивающихся рынках еще не была развита система регулирования и наблюдения. Неявные гарантии для иностранных инвесторов создали проблему *moral hazard* (в этом контексте она является следствием явных и неявных гарантий, предоставляемых правительством национальным или иностранным агентам).

Финансовые агенты вовлекаются в рискованные операции, поскольку они чувствуют поддержку властей. Принятие чрезмерного риска привело к ухудшению баланса банков, что имело особенно разрушительное воздействие на развивающуюся финансовую систему этих стран. Образовался дисбаланс по валютным позициям и по срочности активов и пассивов (развивающиеся экономики привлекают в основном краткосрочные иностранные ресурсы в долларах или иенах, а предоставляют национальным заемщикам долгосрочные кредиты в национальной валюте).

В развитых экономиках с низким уровнем инфляции и твердыми валютами таких несоответствий не возникает: там депозиты и кредиты формируются в одной национальной валюте. А в развивающихся экономиках, наоборот, валюты хрупкие, а инфляция намного выше. Как следствие, воздействие принятия чрезмерного риска более серьёзно в развивающихся экономиках и это ведет к ухудшению балансов банков и может спровоцировать ситуацию финансовой уязвимости.

Источник: Mishkin F.S. Lessons From the East Asian Crisis // National Bureau of Economic Research Working Papers, N. 7102, April 1999. URL: http://www.nber.org/papers/w7102.pdf.

Относительно первого фактора Ф. Мишкин считает, что рост процентных ставок обостряет проблему неблагоприятного выбора, т. к. хорошие заемщики с безопасными проектами наверняка будут заимствовать, поскольку они ожидают что доходность от их проектов будет ниже, чем проценты по кредитам. А плохие заемщики будут продолжать искать доступ к кредиту. Следовательно, среднее качество займов понизится и это приведет к росту финансовой уязвимости.

Что касается неопределенности (второй фактор), автор утверждает, что при появлении политических или финансовых проблем, кредиторам трудно отличить хороших заемщиков от плохих.

Третий фактор – это влияние рынка активов на балансы предприятий и организаций. С точки зрения Ф. Мишкина, проблема морального риска обостряется, когда чистая стоимость фирмы уменьшается. Когда заемщики привлекают средства для финансирования проектов они рискуют не только собственным капиталом, но и деньгами кредиторов.

Фирмы с высокой чистой стоимостью находятся в более неблагоприятном положении с точки зрения риска, которому они подвергают собственный капитал, чем фирмы с высоким левереджем. В последнем случае они рискуют прежде всего средствами кредиторов, а не своими собственными.

И, наконец, четвертый фактор – нарастание проблем в банковском секторе. Банковский сектор играет очень важную роль в создании информации и, если снижается банковская активность, то роль финансового посредничества как создателя информации также снижается. Это приводит к проблеме информационной асимметрии, неблагоприятного выбора и морального риска. Источником банковской паники является асимметричная информация. Вкладчики, не зная истинного положения дел в банке, извлекают свои вклады как из неплатежеспособных, так и платежеспособных банков, что приводит к краху. Следует создать и поддерживать сильную систему, регулирующую банковскую деятельность и осуществляющую надзор за ней. Регулирующие и контролирующие органы должны быть обеспечены адекватными ресурсами и быть готовыми предвидеть ухудшение ситуации.

Наличие асимметричной информации на финансовых рынках ведет к возникновению проблем ложного выбора и риска недобросовестного поведения, которые тесно связаны с эффективностью функционирования этих рынков. Решение данных проблем состоит в производстве и продаже информации, в государственном регулировании, направленном на увеличение информационной прозрачности финансовых рынков, в необходимости предоставления обеспечения при заключении долгового обязательства или наличия значительного собственного капитала фирмы, а также проведении мониторинга и введении ограничений на возможные виды деятельности. Основная идея рассуждений заключается в том, что наличие проблемы «безбилетника» для обращающихся на рынке ценных бумаг (акций, облигаций и др.) обусловливает существенное повышение роли финансовых посредников, в частности, банков в финансировании бизнеса по сравнению с ценными бумагами.

Финансовыми посредниками называют финансовые учреждения, формирующие свою ресурсную базу за счет выпуска обязательств и использующие эти средства на приобретение ценных бумаг и предоставление ссуд. Роль финансовых посредников в финансовой системе важна потому, что благодаря им снижаются транзакционные издержки и снимаются проблемы, связанные с вероятностью ложного выбора и морального риска. В результате этого финансовые посредники дают возможность лицам с небольшими сбережениями и лицам, нуждающимся в небольшом объеме заемных средств, воспользоваться финансовыми рынками, повышая тем самым эффективность экономики.

Резкий рост неопределенности на финансовых рынках, который может быть связан с банкротством какого-либо крупного финансового или нефинансового учреждения, с экономическим спадом или с крахом фондового рынка, затрудняет выбор кредиторами заемщиков с низким риском. Неспособность кредиторов решить проблему ложного выбора снижает их желание предоставлять ссуды, что ведет к снижению объемов кредитования, падению уровня инвестиций и спаду экономической активности.

Роль банков как финансового посредника примечательна тем, что банки занимаются производством информации, которая облегчает процесс эффективного инвестирования. Следовательно, финансовый кризис, при котором многие банки прекращают свое существование (что и называется банковской паникой), снижает объемы финансового посредничества, осуществляемого банками, а значит, ведет к снижению уровня инвестиций и спаду экономической активности. Сокращение числа банков в период финансового кризиса ведет также к сокращению объема предложения средств заемщикам, а, следовательно, и к повышению процентных ставок. Поскольку рост процентных ставок тоже обостряет проблемы ложного выбора и риска недобросовестного поведения на кредитных рынках, банковская паника еще более усиливает падение экономической активности.

Государство осуществляет регулирование финансовых рынков, преследуя следующие цели: повышение объема информации, доступной инвесторам; обеспечение устойчивости финансовой системы; осуществление контроля за проведением денежно-кредитной политики. Меры регулирования включают в себя: требования по публикуемой отчетности; установление ограничений на лицензирование финансовых посредников и на набор активов, которыми может владеть финансовый посредник; обеспечение страхования депозитов, введение резервных требований; установление максимальной величины процента, выплачиваемого по чековым счетам или сберегательным вкладам.

***

Итак, необходимо понимать, что финансовые рынки ведут себя по-другому, чем товарные рынки. Философия свободного рынка не может быть слепо применена к финансовому рынку чтобы сохранить их полностью свободными и лишить их любого регулирования и вмешательства. Финансовые рынки стали более сложными, глобализированными и с растущим левереджем. Уверенность и доверие – якорь стабильности на финансовых рынках. Рынки стали очень изменчивыми и во время серьезного кризиса рискует остаться без ликвидности.

Эти рынки подвержены «эффекту Ниагары», который может быть разрушительным. Наибольшая нестабильность присуща внебиржевым рынкам, включающим рынок деривативов, у которых нет клиринговых механизмов и надлежащего регулирования. Значительные риски можно ограничить на этих рынках, только вводя жесткие требования маржи и непрерывную отчетность.

Чтобы избежать перегрева на этих рынках, процентная политика центральных банков оказывается неэффективной. Это является следствием того, что несколько крупных игроков этого рынка имеют высокий уровень левереджа. Следовательно, повышение процентных ставок может сыграть только негативную роль. Более уместно вводить для них более жесткий требования маржи, которые являются более эффективным инструментом контролировать чрезмерные риски в фазе подъема.

ГЛАВА 3. ПЕРЕМЕНЫ В ТЕОРЕТИЧЕСКОМ ОСМЫСЛЕНИИ В СВЯЗИ С ФИНАНСОВОЙ ГЛОБАЛИЗАЦИЕЙ

Начиная с кейнсианской революции, институциональный механизм рыночной экономики был успешно подправлен усилиями центральных банков и правительств. С 1930-х гг. рецепты Кейнса спасали капитализм от кризисов. Пришло время сейчас предложить новые посткейнсианские рецепты управления экономикой. Обычный метод спасения в период кризиса является затратным и неэффективным.

Жадность свободного рынка, его энергию, драйв необходимо укротить, чтобы он не стал действовать разрушительно и не вызвал кризис. Переломный момент наступает тогда, когда рынок перестает быть продуктивным, хотя все еще продолжает выглядеть привлекательным. Это называется областью «иррационального изобилия».

Американский капитализм показал удивительную живучесть после избавления от Великой депрессии. Под влиянием развития технологий, СМИ, законодательных и регулирующих механизмов основы капиталистической экономики претерпевали медленные изменения по своей форме и структуре. Эволюция в корпоративном управлении, усложнение банковских продуктов в области инвестиционных стратегий, изощренность финансовых рынков повлияли на динамику и определили новое лицо капитализма второй половины XX в.

На протяжении второй половины XX в. американский капитализм не сталкивался с серьезными болезнями. Считалось, что он выработал противоядие против кризисов. Но эта вера была подорвана последним кризисом в 2008 г. Глобальная экономика сейчас находится на краю глубокой рецессии.

Исторический опыт и экономический расчет, законодательные и регулирующие гарантии, а также политический прагматизм позволили подавить последний кризис в его зародыше. Центральные банки и правительства действовали быстро и слаженно, что не скажешь о временах Великой депрессии в 1930-е гг. Принимая во внимание, что человеческие настроения и стадный инстинкт, которые управляют рынками, стали более очевидными вместе с большей финансовой изощренностью XXI в., экономическая политика и менеджмент также стали более проактивными, чем прежде. Система регулирования финансового сектора не поспевала за его качественным и количественным ростом, который стал более уязвимым к кризису. Поэтому требуется переустановка и обновление регулирования с учетом требований современных финансов.

Американский капитализм пытается адаптироваться к системным вызовам, в т.ч., с помощью финансовых вливаний, чтобы преодолеть кризис. ФРС, Комиссия по ценным бумагам (SEC) и Правительство используют самое мощное оружие – финансовое смягчение. Кейнсианская политика стимулирования спроса и политика ФРС, направленное на регулирование роста денежной массы и процентных ставок обеспечили послевоенное процветание.

С самым мощным, чем когда либо в истории, пакетом фискального и денежного стимулирования американский капитализм входит в новую фазу. Также задействован институт государственно-частного партнерства, чтобы восстановить стабильность банковской системы. Государство будет управлять рынком, пока система не вернется в норму. Государство будет корректировать частную финансовую систему («невидимую руку» рынка) в интересах всего общества. Пока потребление и инвестиции будут оставаться вялыми для оживления экономики, потребуется государственная поддержка.

Финансовая нестабильность в свете теорий

Прежде, чем экономика достигнет того состояния, которое так долго искали макроэкономисты и политики, но которое оказалось недостижимым – состояния полнейшего блаженства, – успешная монетарная политика привела к нежелательным и непреднамеренным последствиям. Это относится к образованию пузыря на рынке недвижимости в США – и в других частях мира – который не может быть объяснен в рамках неокейнсианского варианта «экономики нового равновесия» (NEE – New Equilibrium Economics).

В последние два десятилетия ситуация низкой волатильности на финансовых рынках, стабильности производства и цен создало терпимое отношение к риску. «Великая умеренность» («Great Moderation») стало результатом той успешной политики, которую проводили центральные банки и это привело к буму на фондовых рынках. Где-то с середины 1980-х гг. основные экономические показатели, такие, как рост реального ВВП, промышленного производства, уровень заработной платы, занятости и безработицы стали умеренными. Экономические агенты переориентировали свои межвременные предпочтения в пользу текущего потребления и краткосрочных инвестиций. Ожидания стали более оптимистичные как рациональный ответ на изменившиеся условия.

А финансовые рынки в ответ на эти изменившиеся потребности предоставили новые средства для их удовлетворения – более изощренные финансовые инструменты. Известный представитель новой парадигмы Ф. Мишкин на симпозиуме в сентябре 2007 г. отметил, что субстандартные займы есть образец таких финансовых инноваций. Они породили бум заимствований, лучше удовлетворяли интересы фирм и домашних хозяйств и способствовали в целом углублению финансовой системы. Но эти же инструменты могут породить сумятицу на финансовых рынках в краткосрочном периоде[42].

---

[42] Mishkin F.S. Housing and the Monetary Transmission Mechanism // Finance and Economics Discussion Series: Working Paper, presented at the Federal Reserve Bank of Kansas City's Economic Symposium, 2007, September 1. URL: http://www.federalreserve.gov/pubs/feds/2007/200740/200740pap.pdf.

Главный представитель нового кейнсианства Ф. Мишкин признает, что монетарная политика может иметь вредные эффекты, но он же заметил, что денежная политика и финансовые рынки находятся вместе «в одной упряжке с мощным потенциалом». Так, «денежная политика – в качестве эндогенной переменной – управляет шоком, приводя в замешательство экономических агентов, на которых сваливается неожиданный успех, вынуждая их вносить изменения в свои планы, а на финансовых рынках, тем временем, надуваются пузыри, затем они взрываются и причиняют невосполнимые убытки».

Ф. Мишкин пишет, что в высшей степени самонадеянно думать, что правительственные чиновники, даже если они по совместительству работают в центральных банках, лучше рынков знают, какими должны быть цены на активы. Сегодня немногие станут спорить с этим утверждением, особенно если учесть последствия финансовых кризисов, которые следуют за пузырями цен на активы, сопровождаемыми масштабным расширением частного кредитования.

Представители концепции реальных бизнес-циклов (РБЦ), тем временем, яростно защищаются. Она придерживается той точки зрения, что цены на активы реагируют только на неожиданные изменения в совокупном потреблении, что, в свою очередь, объясняется экзогенными шоками в технологиях или сдвигами в предпочтениях. Своим названием теория реальных экономических циклов обязана тому, что основным источником экономических колебаний должны быть изменения производительности труда или других «реальных» факторов, таких, как международные цены на нефть. Именно неравномерные изменения этих переменных ведут к нестабильному росту экономики. В остальном же, экономика находится в устойчивом равновесии, то есть, любые отклонения от него (например, безработица) она «вылечивает» сама, используя рыночные механизмы, если ей, конечно, не мешать. Такой вывод противоречит традиционному кейнсианскому подходу, согласно которому краткосрочные колебания экономики обусловлены изменчивым спросом, движимым необъяснимыми «животными инстинктами».

Непредвиденные эффекты такой эндогенной вещи, как «монетарная политика», по их мнению, были временными и не особенно серьезными. Но они все же допускали существование временных эффектов и определенной эффективности от денежной политики. Последний экономический кризис был достаточно серьезным, а жилищный бум, который ему предшествовал, тоже был глобальным и этому что-то способствовало и представители РБЦ считают, что этот фактор является экзогенным.

Более современный пример расхождения взглядов представителей этих двух школ – технологический бум 1990-х годов. Согласно теории деловых циклов, прорывы в области информационных технологий должны были привести к повышению производительности труда, что стимулировало бы работодателей нанимать больше работников. В США именно это и произошло-в 1990-е гг. наблюдались бурный рост экономики и увеличение занятости. Однако, согласно новой кейнсианской теории, ВВП страны в краткосрочной перспективе определяется спросом, и без его расширения технологический прорыв должен привести к сокращению, а не к увеличению занятости – для удовлетворения все того же спроса теперь требуется меньше работников. Поэтому «новые кейнсианцы» считают, что сокращения спроса не последовало только потому, что ФРС США параллельно расширила денежную массу, что и стимулировало дополнительный спрос. Таким образом, они в отличие от классиков до сих пор отводят определенную роль государству – теперь она сводится главным образом к мерам денежно-кредитной политики для сглаживания краткосрочных колебаний.

Поэтому, хотя систематические изменения в монетарной политике общеприняты в рамках доминирующей парадигмы как наиболее важная составляющая «Great Moderation», а бум на рынке активов как её следствие, разногласия появился относительно того, что вызвало коллапс на рынке недвижимости и было ли это рациональной реакцией на новую информацию? В конечном счете, наметился раскол между концепцией «реального бизнес-цикла» (РБЦ) и новокейнсианской школой – два непримиримых крыла в школе «экономики нового равновесия», который наметился после нескольких лет мирного сосуществования (Вставка 7).

Недавние события полностью опровергли предположение, что экономические рецессии – лучшая реакция на колебания технического прогресса. По мнению Пола Кругмена, сегодня не остается ничего другого, как принять кейнсианские взгляды. Однако, в новокейнсианских моделях нет места для кризиса, поскольку при их разработке использовалось

ВСТАВКА 7

От регулирования спроса к регулированию предложения, или Деньги ничего не решают

В конечном счете, временное перемирие между двумя этими концепциями внутри школы «экономики нового равновесия» было нарушено и появился некий синтез. Рассмотрим, в чем состоят их основные идеи. Модель реального бизнес-цикла (РБЦ) все объясняет структурными факторами, но вынуждена учитывать роль денег и центральных банков. Последние призваны контролировать денежное предложение так, чтобы номинальная процентная ставка стала бы нулевой. По этой цене правительство создает бумажно-кредитные деньги. В такой модели нет инфляции и если она появлялась как аномалия, то центральный банк должен её истребить. Все другие процентные ставки для других сроков определялись согласно с будущими планами индивидов: межвременные ставки, замещающие будущее потребление сегодняшним потреблением. Кривая доходности и будет отражением этих предпочтений сегодняшнего потребления будущему, скажем, через 6 месяцев, 10 лет или 30 лет.

В 1980-е гг., когда идеи кейнсианства о всемогущем спросе потеряли былую популярность, а воспоминания о инфляции оставались свежими, вновь возродился интерес к саморегулирующейся рыночной экономике. Во главе нового направления стали представители школы РБЦ, которые считали, что именно технологические изменения в качестве внешних шоков управляют текущими и будущими планами индивидов. И нет смыла противостоять этим силам методами налоговой или денежной политики, поскольку сам рынок все скорректирует. Таким образом, теория реальных экономических циклов основана на причинности колебаний в совокупном предложении.

То, что было действительно революционным в их теории (или реакционным, поскольку это было шагом назад в эпоху меркантилизма) – это то, что деньги не играли существенной роли в экономике – так называемая идея «супернейтральности денег». Представители этого направления считали, что межвременные предпочтения о том, сберегать или потреблять, инвестировать или производить определяются неденежными факторами, а деньги выполняют чисто техническую функцию средства обмена и счетной единицы. Достижение равновесия, определение цен, распределение ресурсов – все это происходит без участия денег. Если бы не технологические шоки – предпочтения и условия замещения их во времени – это все, что имеет значение.

Теория реальных циклов – признание, что колебания AS являются единственным источником колебаний ВНП и других макропеременных. По мнению авторов теории реальных циклов, экономическая политика правительства воздействует на совокупный спрос, но не воздействует на реальный ВНП. Когда эта политика увеличивает совокупный спрос, реальный ВНП снижается и тогда специальные меры денежно-кредитной политики ведут к более сильным колебаниям ценового уровня.

То, что они действительно игнорировали, это фактическую мощь центральных банков – их способность влиять на выпуск, занятость и поддерживать постоянными цены. Что-то должно было придать деньгам эффективность и ответ лежал в плоскости поиска идеи «сломанного совершенства». Эта мысль стала ядром нового направления – «экономики нового равновесия», которая вобрала в себя и академические и политические размышления. В академическом мире ему было дано новое имя – неокейнсианская экономика – а школа «экономики нового равновесия» является лишь её вариацией. Именно в рамках этого направления сформировалось внятное отношение к тому, почему все таки деньги имеют значение. В промышленно развитых странах денежно-кредитная политика традиционно служит одним из важнейших инструментов антициклического регулирования. В основе такого регулирования лежит способность центрального банка (далеко не безграничная) ускорять или сдерживать прирост денежной массы и повышать или понижать цену кредита

Источник: Motianey A. SuperCycles. The New Economic Force Transforming Global Markets and Investment Strategy. New York, 2010. P. 16–36.

предположение об эффективном рынке[43]. Макроэкономисты должны признать, что в реальности финансовые рынки далеки от идеала, подвержены масштабным иллюзиям и безумию толпы. Поэтому необходимо учитывать финансовую реальность в теории макроэкономики.

Посткейнсианцы о причинах финансовой нестабильности

Основополагающим пунктом учения посткейнсианцев является теория «денежной экономики», начала которой, как известно, были заложены еще Дж.М. Кейнсом в 1933 г. Иными словами, посткейнсианцы развили идею основоположника макроэкономики, забытую при эволюции традиционного кейнсианства. Суть посткейнсианской теории денежной экономики заключается в следующем.

Рыночная экономика – это производственная экономика, и процесс производства в ней занимает длительный промежуток времени. Именно учет временного лага по мере того, как экономика движется от «неизменного и известного прошлого к неизвестному и неопределенному будущему» является новацией их моделей экономического цикла и причин финансовой нестабильности. Для того, чтобы минимизировать неопределенность будущего, хозяйствующие субъекты создают определенные институты, прежде всего, такие, как форвардные контракты и деньги. Форвардные контракты устраняют неопределенность в отношении будущих поставок и продаж, платежей и поступлений. Но для их нормального выполнения необходимо, во-первых, общепринятое средство их соизмерения, а, во-вторых, общепринятое средство их погашения. Актив, который используется для удовлетворения обеих потребностей, есть деньги. «Важность денег в основном как раз и вытекает из того, что они являются связующим звеном между настоящим и будущим»[44].

Циклические колебания экономической активности (т. е. совокупного выпуска или реального национального дохода) порождаются, по мнению посткейнсианцев, изменениями в «выборе активов длительного пользования» – главным образом, элементов основного капитала и высоколик-

---

[43] См.: Krugman P. The Return of Depression Economics and the Crisis of 2008. New York, 2009.

[44] Кейнс Дж.М. Общая теория занятости, процента и денег. М., 2002. С.23.

видных активов (денег и их заменителей). При прочих равных условиях увеличение спроса на капитальные блага (уменьшение спроса на деньги) приводит к подъему и буму в экономике, тогда как уменьшение спроса на капитальные блага (увеличение спроса на деньги) вызывает спад и депрессию. Выбор активов длительного пользования определяется, прежде всего, ожиданиями будущих доходов и степенью уверенности в этих ожиданиях.

Рассмотрим альтернативную точку зрения на кризис, представленную Х. Мински и его последователями. Суть концепции, разработанной Мински, состоит в том, что капиталистическая экономика порождает финансовую структуру, которая подвержена финансовым кризисам[45]: «Экономическая активность генерирует денежные потоки частных фирм. Часть этих потоков позволяет взять кредит. Величина ожидаемых денежных потоков от деловых операций определяет спрос и предложение на рынке «долгов», используемых для финансирования приобретения капитальных активов и для производства новых капитальных активов (инвестиционных благ). Деньги возникают главным образом в результате финансирования банками бизнеса и приобретения ими других активов, а уничтожаются, когда происходит погашение долгов банкам или когда банки продают активы»[46].

Когда экономика относительно спокойна, ожидания в сфере бизнеса в целом сбываются, а величина денежных потоков позволяет погашать задолженности. Однако, бывают времена, когда прибыли сокращаются, делая некоторые фирмы неспособными погасить долги. Само по себе это уже может послужить толчком к началу серьезного финансового кризиса, развитие которого будет зависеть от того, как на данную ситуацию прореагирует центральный банк. Неспособность фирм к выплате задолженности ставит банки в опасное положение, поскольку они сами являются должниками по отношению к другим финансовым институтам.

---

[45] Под «финансовой структурой» здесь понимается структура активов и пассивов хозяйствующих субъектов.

[46] См.: Minsky H.P. The Financial Instability Hypothesis: An Interpretation of Keynes and an Alternative to «Standard» Theory // Nebraska Journal of Economics and Business. 1978. Vol.16. N.1. P. 5–16.

Среди посткейнсианского поколения экономистов можно выделить таких, как Ян Крегель, Рэндэлл Врэй и Мартин Вольфсон, которые попали под влияние работ Мински[47].

М. Вольфсон известен как исследователь послевоенных финансовых циклов в США именно в свете учений Мински. Так, он указывал, что «неожиданное событие» может ускорить приближение кризиса. Таким событием, по его мнению, может быть неожиданный дефолт главного заемщика или ужесточение условий кредитования со стороны регулятора, что приводит к финансовой хрупкости всей системы, поскольку «нормальная модель финансирования разрушается и прерывается поставка кредита»[48]. Также, как и Мински, он считал, что невозможность рефинансировать существующие финансовые обязательства приводит к распространению кризиса. Вольфсон считал, что более жесткое финансовое регулирование может обеспечить экономическую стабильность, а финансовая нестабильность конца XX в. есть следствие того, что финансы переросли «узкие рамки регулирования».

Среди финансовых обязательств, важную роль играют те, которые Вольфсон назвал «непреднамеренные инвестиции» – это те инвестиционные проекты, которые уже были начаты и нуждаются в дополнительном внешнем финансировании, чтобы быть завершенными в будущем, или неожиданные увеличения материальных запасов, которые должны быть реализованы, но из-за падения спроса они стали неликвидными[49].

Такие инвестиции рассматриваются как механизм передачи финансового кризиса на всю экономику. Так как затраты уже произведены, а выручка не ожидается, то это предполагает изъятие ликвидности из бизнеса. Финансирование инвестиционного проекта на начальной стадии в условиях будущей неопределенности подвергают бизнес финансовому риску. И чем больше масштаб инвестиций, относительно имеющихся резервов фирмы, тем больше тот риск. Снижение нормы прибыли в условиях фи-

---

[47] Основные идеи посткейнсианцев изложены в сборнике: Панорама экономической мысли XX столетия. СПб., 2002.

[48] См.: Wolfson M.H. Financial Instability and the Credit Crunch of 1966 // Review of Political Economy. 1999. Vol. 11. N. 4. P. 407–414.

[49] Wolfson M.H. Financial Crises: Understanding the Post-War U.S. Experience. Armonk, 1994. P.160–161.

нансовых беспорядков приводит к снижению деловой активности.

Экономисты, изучавшие процесс принятия инвестиционных решений, долгое время игнорировали такую важную переменную, как долю валовой прибыли, отчисляемую компанией в резерв (нераспределенная прибыль). Одним из первых, кто еще в 1930-е гг. XX в. выдвинул её в качестве центральной, был польский ученый М. Калецкий. Он придавал большое значение неэластичности сбережений рантье (непроизводительного класса) как ведущего фактора рецессий и бумов: если инвестиции падают, то сбережения тоже падают, но поскольку рантье не сокращают свои сбережения также, как падают инвестиции, то сокращение сбережений происходит за счет предпринимателей – за счет их нераспределенной прибыли. Далее, это еще больше сокращает инвестиции и приводит с сокращению совокупного дохода в экономике. И только тогда сбережения домашних хозяйств начинают сокращаться и происходит частичное восстановление нераспределенной прибыли компаний[50].

По Калецкому, объем планируемых на следующий год капиталовложений представляет собой одновременно растущую функцию валовых сбережений и функцию изменения прибылей за ближайший предшествующий период (Вставка 8).

Таким образом, Калецкий считает ожидаемую прибыль одним из факторов, определяющих инвестиционные мотивации предпринимателя. По его мнению, недавние изменения прибыли являются тем показателем, который используется предпринимателями для оценки будущей рентабельности их капиталовложений. Но главную роль играют все же валовые сбережения. Калецкий предполагал, что снижение прибыли происходит вследствие роста финансовых обязательств, а растущее предпочтение ликвидности компаний (сберегать, а не инвестировать) есть следствие растущего риска.

Мински также отмечал наличие связи между инвестициями и прибылью, но не выделял связь между предпочтениями ликвидности и финансовыми обязательствами. Он исходил из общей теории Кейнса, который рассматривал предпочтение ликвидности с позиции спроса на деньги,

---

[50] См.: Kalecki M. The Principle of Increasing Risk // Economica. 1937. Vol. 4. N.16. P.440–446.

ВСТАВКА 8

Инвестиции реальные и инвестиции предполагаемые

М. Калецкий ввел «принцип возрастающего риска». Суть его в том, что чем больше объем заемных средств, которые фирма желает использовать (относительно ее прибылей и активов), тем больше риск того, что она окажется неспособной погасить долг и выплатить по нему проценты. Финансовые институты принимают в расчет увеличивающийся риск и устанавливают более высокие процентные ставки при выдаче более значительных по объему ссуд.

Фирмы расширяют свой капитал, когда доступны финансы, благодаря получаемым прибылям и осуществленным сбережениям. Таким образом, некоторые потенциальные инвестиции, осуществление которых было отложено в прошлом по причине недостатка финансов, теперь могут быть сделаны, поскольку появились доступные финансовые источники. Далее, можно предполагать, что стимулы фирмы приобретать и использовать капитальное оборудование зависят от соотношения ожидаемой нормы прибыли на это капитальное оборудование и процентной ставки, по которой она берет ссуды. Норма прибыли может измениться либо вследствие изменения массы прибыли, либо в результате изменения капитала. Последний автоматически изменяется при осуществлении ненулевых чистых инвестиций. Масса прибыли изменяется, в том числе (inter alia), и в результате колебаний объемов выпуска (и тем самым прибылей) или степени монопольной власти (влияющей на долю прибыли в продажах). Хотя конкретные формулировки различаются, набор факторов, которые, по мнению Калецкого, влияют на инвестиции, твердо закрепился в посткейнсианстве (и был включен во многие эконометрические модели инвестиционного поведения).

Подход к моделированию ожиданий особенно важен в контексте инвестиций в основной капитал, поскольку решения об их осуществлении рассматриваются как практически необратимые. На уровне отдельной фирмы часто трудно продать подержанное капитальное оборудование; на уровне экономики в целом подержанное оборудование можно только выбросить (или продать заграницу), но никаким другим образом нельзя обратить вспять принятое инвестиционное решение. Именно по причине существования оборудования с длительным сроком службы экономическое будущее связано с настоящим. Это согласуется с общим принципом, согласно которому ожидания будущего должны влиять на настоящее через цены спроса на оборудование с длительным сроком службы.

Источник: Kalecki M. The Principle of Increasing Risk // Economica. Vol. 4. N. 16. 1937. P. 440–446.

которое влияет на процентные ставки по финансовым инструментам. Именно эти процентные ставки вместе с ожидаемой прибылью влияют на величину реальных инвестиций компаний.

Калецкий рассматривал финансовую нестабильность как врожденную черту финансового капитализма и не считал, что регулирование кредита способно стабилизировать экономику. Мински также, как другие последователи Кейнса, придавал большее значение фискальным интервенциям, чтобы предотвратить финансовую нестабильность.

В отношении к макроэкономической политике М. Калецкий был солидарен во взглядах с Дж.М. Кейнсом и немецкими кейнсианцами. Он также полагал, что такая политика необходима для стабилизации рыночной экономики и отдавал предпочтение комбинированной политике. При этом он первым в кейнсианской традиции указал на возможность эффекта вытеснения как ограничителя действенности фискальной политики.

Об истоках современного финансового кризиса

Ставя вопрос о происхождении кризиса, с одной стороны, и обращаясь опять к роли финансовых рынков как механизме распространения шоков в экономической системе, что мы имеем? Создание рынков с совершенной информацией, которые призваны помогать осуществлять планы на будущее и избегать арбитража были существенной составляющей доминирующей парадигмы. Без жестокой приверженности принципам неокейнсианской экономики никогда не было бы взрывного роста финансовых инноваций; отмены барьеров для арбитража (таких как Закон Гласса–Стигалла в США или статьи 65 в Японии; рестриктивной практики, существовавшей в Великобритании до 1986 г.). Введение лучшей практики в области надзора, которая освобождает стимулы снизу, благоприятно повлияло на развитие рынка.

Банковский закон Гласса–Стигалла был принят в 1933 г. после окончания Великой депрессии для того, чтобы предотвратить конфликт интересов между кредитованием и оценкой ценных бумаг путём разграничения сфер деятельности коммерческих и инвестиционных банков. Экономист Джозеф Стиглиц выступал против его отмены, которую он назвал «кульминацией лоббистской кампании» банков и отрасли финансовых услуг, инициатором осуществления которой в конгрессе являлся сенатор Фил

Грэмм[51]. По его мнению, отмена закона способствовала кризису, так как из-за неё превалирующей корпоративной культурой стала не более консервативная культура коммерческих банков, а культура инвестиционных банков, в которой высокие риски являлись приемлемыми, из-за чего в период бума выросли как доля рискованных операций, так и доля заёмного капитала.

Последний экономический кризис имеет корни на финансовых рынках. А такие ученые, как Х. Мински, бросили вызов существующей парадигме. Какой последовал ответ на этот вызов: почему произошел кризис, если рынки были эффективные?

Критики неокейнсианцев предоставляют свидетельства отсутствия совершенства финансовых рынков. Их позиция такова: кризиса не может быть, если рынки совершенны. А поскольку кризис произошел, то и рынки, следовательно, неполные/несовершенные. Чтобы показать, что это утверждение неверно, нужно доказать, что кризис происходит даже с совершенными рынками. Они пришли к выводу, что конвульсия на финансовых рынках, которая тогда только начиналась, была обусловлена, во-первых, неполной информацией о том, кто чем владел и, во-вторых, рассогласованием стимулов.

Конечно, на финансовых рынках существует арбитраж. Банки инвестируют в структурированные кредитные продукты (обычно структурированный продукт состоит из кредита, в его различных проявлениях, и одного или нескольких производных инструментов), которые они разрабатывают и затем размещают их за балансом (так называемые специальные инвестиционные инструменты – SIV или conduits)[52] с их собствен-

---

[51] См.: Capitalist Fools by Joseph E. Stiglitz. URL: http://www.vanityfair.com/magazine/2009/01/stiglitz200901.

[52] Это пул инвестиционных активов, приносящих прибыль в результате кредитного спреда между краткосрочным долгом и долгосрочными структурированными финансовыми продуктами, такими, как ценными бумагами, обеспеченными активами (ABS). Финансирование для SIV привлекается с рынка коммерческих бумаг (нот, векселей) на условиях постоянного возобновления (roll-over); полученные средства затем инвестируются в активы с более длинными сроками зрелости, менее ликвидные, но более доходные. SIV зарабатывают прибыль на спреде между входящими денежными потоками (основными и процентными платежами по ABS) и надежными коммерческими бумагами, которые выпускаются. SIV часто задействуют значительное плечо или левередж для генерации доходов и возврата вложенных средств.

ными источниками фондирования, привлекаемые с рынка коммерческих бумаг, обеспеченных активами (структурированные ноты).

Они привлекли большое внимание во время сумятицы на финансовых рынках (рынок субпрайм ипотек и жилья) в 2007 г.; стоимость их списания составляла десятки миллиардов долларов, когда инвесторы стали избавляться от ипотечных бумаг низкого качества, связанных активами. Много инвесторов были захвачены врасплох потерями, потому что мало кому было известно, как устроены эти специфические продукты.

Такое финансирование обходится дешевле, чем те же активы, размещенные на балансе. Из-за того, что норматив достаточности капитала будет различаться в зависимости от того, где будут размещены активы, то банки выбирают первый (наиболее дешевый) вариант. Такие финансовые продукты привлекали инвестиционные филиалы благодаря тому, что позволяли наращивать чрезвычайный левередж, который для материнских банков был бы невозможен из-за регулирующих требований.

Сторонники школы «экономики нового равновесия» утверждают, что отмена закона Гласса–Стигалла в США должно было сопровождаться также отменой Базельских требований по капиталу. Каждый банк мог бы определять свой собственный норматив достаточности капитала, согласованный предварительно с регулятором, который позволил бы этим активам оставаться на балансе. Это-ключевой пункт в их аргументе: поскольку структурированные финансовые продукты оставались бы на балансе, это давало бы возможность сохранять их прозрачность, отслеживать их риски, а акционеры банка могли бы проверять рисковое поведение менеджеров банка.

Однако, проблема состояла не в том, что структурированные финансовые инструменты (типа SIV) были невидимы для акционеров, наоборот, информация о них была доступна в отчетах. Менеджеры и акционеры просто их не принимали в расчет до тех пор, пока уже не стало слишком поздно, поскольку сверхоптимизм, захвативший рынки, затмил все риски. А монетарная политика в этот период была весьма успешной. Вера в спонтанный и рациональный порядок, который обеспечивает рынок, была безграничной и эта вера, в конечном счете, привела к крушению.

В 2004–2007 гг. многие финансовые учреждения, в особенности инвестиционные банки, рассчитывавшие на то, что цены на жилую недвижимость будут продолжать расти, а домашние хозяйства будут продолжать производить выплаты по ипотечным кредитам, выпустили значительное количество долговых обязательств и инвестировали полученные средства в ипотечные ценные бумаги. Получение кредита с низкой процентной ставкой и инвестиция полученного капитала по более высокой процентной ставке для получения прибыли является одной из форм финансового левереджа. Точно так же, частное лицо может взять под залог дома второй ипотечный кредит для того, чтобы приобрести на эти деньги ценные бумаги. Во время бума на рынке недвижимости эта стратегия обеспечивала получение прибыли, но когда цены на жилую недвижимость стали падать и домовладельцы перестали выполнять свои обязательства по ипотечным кредитам, она привела к значительным потерям. С начала 2007 г. падение цен на ипотечные ценные бумаги из-за прекращения платежей по ипотечным кредитам привело к значительным потерям как у финансовых учреждений, так и у отдельных инвесторов.

В период с 2004 по 2007 г. пять самых крупных инвестиционных банков США значительно увеличили долю заёмного капитала, то есть свой финансовый левередж, что привело к росту уязвимости банков в случае падения цен на ипотечные ценные бумаги. Общая сумма долговых обязательств этих пяти учреждений за 2007 отчётный год составила более 4,1 трлн. долларов США, то есть, около 30% номинального ВВП США в 2007 году[53].

В годы, предшествовавшие ипотечному кризису, каждый из пяти инвестиционных банков брал на себя всё большие риски. Это отражено в их доле заёмного капитала, т. е. соотношении общей суммы долговых обязательств и собственного капитала. Чем выше соотношение, тем выше риск. В 2003–2007 гг. эти банки значительно увеличили долю заёмного капитала. Для консервативных банков нормальным является соотношение 10–15, у данных банков оно было ближе к 30. Компании с высоким уровнем заёмного капитала могут потерпеть значительные потери из-за самого незначительного колебания стоимости активов.

Более того, доля субстандартных ипотечных займов в общей сумме выданных кредитов выросла с менее 10% (2001–2003 гг.) до 18–20%

---

[53] См.: The Rise and Fall of the Subprime Mortgage Market. URL: http://mjperry.blogspot.ru/2008/07/rise-and-fall-of-subprime-mortgage.html

(2004–2006 гг.), в том числе, из-за дополнительного финансирования рынка кредитования инвестиционными банками[54].

В мае 2010 г. Уоррен Баффетт и Пол Волкер независимо друг от друга опубликовали списки вызвавших кризис неверных допущений и умозаключений, влиявших на активность финансовой и экономической систем США:

1. Цены на жилую недвижимость не могут резко упасть.

2. Нерегулируемые открытые финансовые рынки обеспечивают оптимальную продуктивность и стабильность системы, инновационные методики разработки новых видов кредитно-финансовых инструментов позволяют направлять средства на наиболее прибыльные и эффективные инвестиции.

3. Концепции из области физики и математики могут использоваться для создания финансовых моделей рынков для оценки рисков.

4. Несбалансированность экономики (например, значительный дефицит торгового баланса и низкий уровень сбережений) не влияет на устойчивость рынка.

5. Теневая банковская система и рынок производных ценных бумаг не нуждаются в более сильном правительственном регулировании[55].

В январе 2011 г. американская Комиссия по расследованию причин финансового кризиса опубликовала заключительный доклад о причинах кризиса и о том, что кризиса можно было избежать. По мнению авторов доклада, кризис был вызван:

- несовершенством финансового регулирования, в том числе, неспособностью Федеральной резервной системы препятствовать выдаче токсичных ипотечных кредитов;
- значительными нарушениями в сфере корпоративного управления, в том числе опрометчивыми рискованными действиями ряда финансовых корпораций;
- опасным сочетанием избыточного кредитования и принятия на себя чрезмерных финансовых рисков, как домашними хозяйствами, так

---

[54] См.: Ипотечный кризис в США (2007). URL: http://ru.wikipedia.org/wiki/%C8%EF%EE%F2%E5%F7%ED%FB%E9_%EA%F0%E8%E7%E8%F1_%E2_%D1%D8%C0_(2007)

[55] См.: Warren Buffett at the Financial Crisis Inquiry Commission. URL: http://www.theguardian.com/business/2010/jun/02/warren-buffett-financial-crisis-inquiry-live

и игроками фондового рынка, что привело к кризису финансовой системы;

- неготовностью к кризису высших должностных лиц на ключевых регулирующих и контрольных постах и недостаточным пониманием принципов работы финансовой системы;
- систематическим несоблюдением этических норм и нарушением принципов прозрачности на всех уровнях[56].

О конкуренции и регулировании финансовой сферы

Центральной темой обсуждения финансовых инноваций является их деструктивная роль в финансовом кризисе, но существует угроза «вместе с водой выплеснуть ребенка», если не учитывать их полезной роли. Новые инструменты имеют большой потенциал по повышению эффективности финансовой системы и всей экономики в целом. Они нацелены на снижение издержек финансового посредничества и расширения доступа к кредиту. С их помощью облегчается управление портфельными инвестициями, они позволяют лучше оценивать риски. Благодаря тому, что распределение средств происходит по критерию эффективности, в целом повышается эффективность использования ресурсов в экономике.

К сожалению, критики финансового сектора считают, что финансовые инновации представляют собой большую проблему. Вместо шумпетеровского «созидательного разрушения», банкиры стремились «надуть» клиентов, при каждой возможности защищая самих себя от всевидящего ока регуляторов (и даже топ-менеджеров). Бывший глава ФРС США Пол Волкер как-то заметил, что единственная полезная финансовая инновация за последние годы это автоматическая банковская машина – АТМ. Следовательно, критики выступают за ограничение инноваций.

Конечно, не все инновации в финансовой сфере полезны, и некоторые их них даже разрушительны. Но большинство инноваций, таких как процентные свопы, бросовые облигации (yankee bond), операции с «второсортными» кредитами (sub-prime lending), приносят выгоду, позволяя

---

[56] См.: The Financial Crisis Inquiry Report: Final Report of the National Commission on the Causes of the Financial and Economic Crisis in the United States. Washington, 2011. URL: http://fcic.law.stanford.edu.

компаниям получать финансирование, которое ранее было недоступно. Даже облигации, обеспеченные активами (ABS), оказавшимися в центре финансового кризиса 2008 г., были полезны с точки зрения роста числа собственников домов и автомобилей. И проблема связана не с инновациями, а с тем, как они использовались, т. е. это проблема «жадности» финансистов. И конкуренция здесь сыграла важную роль.

Конкуренция затрудняет получение прибыли (путь «делать легкие деньги») и, таким образом, перекрывает некомпетентным фирмам возможности получать рентные платежи. В любой отрасли реальной экономики некомпетентные фирмы или их служащие покинули бы отрасль. В финансовом секторе некомпетентные фирмы идут на повышенный риск в надежде сорвать куш, а регулятор защищает их, поскольку считает, что они «слишком важные, чтобы лопнуть».

Вместо того, чтобы содействовать конкуренции и защищать рынки от монополий, общественное мнение требует закрывать обанкротившиеся банки. Было бы лучше сделать банковскую отрасль восприимчивой к «разрушениям» с целью последующего «созидания».

Регулирование в финансовой сфере не должно ограничивать конкуренцию, а издержки недобросовестного поведения некоторых финансовых институтов не должны оплачиваться за счет всего общества (средств налогоплательщиков). Конкуренция должна обеспечивать выживание и получение выгоды только добросовестным участникам финансовых рынков. Регулирование финансовых рынков должно решать проблему моральных рисков и ограничивать потери частных инвесторов, а также контролировать системные риски, порождаемые финансовыми инновациями последнего времени.

На финансовых рынках одна – господствующая – сторона извлекает выгоды за счет другой, поэтому вопрос конкурентоспособности должен решаться в контексте регулирования отношений между ними. Что должно быть объектом регулирования?

До кризиса финансовые рынки в развитых экономиках, поддержанные центральными банками, наращивали активы темпами 9% в год, а мировая экономика росла не многим более 3% в год. Это вызвало сомнение в том, что регулирование финансовых рынков, вместо того чтобы решать проблему финансовой стабильности, защиты потребителя и уменьшения риска, служит действительно другим целям. Фокус смещался на нерациональное использование ресурсов в жилищном и потребительском кредитовании, которые росли пугающими темпами. Сбережения людей вместо безопасного размещения оказались подвержены эрозии их чистой стоимости.

Как отмечал П. Кругмен в интервью британской телекомпании Би-Би-Си: «Весь этот сектор высоких финансов оказался попросту деструктивным и во многом это связано с регулированием. Финансовый сектор разбухал, и, соответственно, также росло его политическое влияние. То есть, дерегулирование привело к чрезмерно раздутым финансам, что привело к дальнейшему дерегулированию, и это породило того монстра, что сожрал мировую экономику»[57].

В посткризисный период провалы в регулировании оказались в центре внимания различных дискуссий. Почему регуляторы, имея доступ ко всей доступной информации, не справились со своей задачей? Ответ, вероятно, лежит в плоскости теории общественного выбора или теории «захвата». Согласно этой теории, существуют различные способы и методы, посредством которых люди (объекты регулирования) используют правительственные учреждения в собственных интересах. Поскольку регулируемые подчас ведут себя далеко не оптимальным для общества образом, они создают проблемы для регуляторов[58].

Следует выделить два аспекта, касающиеся регулирования и регулятора. Во-первых, регуляторы наделены властью. Дж.М. Кейнс заметил, что у центральных банков нет ничего более волнующего, чем тушить огонь финансового кризиса. Они становятся в центре всеобщего внимания, поскольку спасают мир. Поэтому регуляторы должны регулировать – в этом их общественное предназначение – устранять то, что мешает развитию.

Однако регуляторы опасаются выставлять существующие проблемы на суд общественности, поскольку это касается вопроса качества регулирования. Поэтому регуляторы не всегда действуют подобающим образом,

---

[57] См.: Nobel Minds 2008. URL:http://www.nobelprize.org/mediaplayer/index.php?id=1119.

[58] См.: Posner R. A. Theories of Economic Regulation // Bell Journal of Economics and Management Science. 1974. N. 5. P. 355–358.

иногда не спрашивая строго со своих «пациентов». Игра в «моральный риск» неизбежно приводит к провалу регулирования. Банки быстро усваивают правила и применяют их в игре под названием «регулирование». Они принимают на себя риски, зная, что их регулятор не примет это во внимание.

Как отмечал И. Дж. Кейн (1997), существует «агентская проблема» в финансовом регулировании, поскольку регуляторы действуют не в качестве агентов от имени общества, а в собственных интересах и в интересах регулируемого[59]. Предоставление регулируемыми информации о своих кредитных рисках не означает, что регулятор раскрывает эту информацию общественности. Если вся информация не будет доступна, нельзя достоверно судить о рыночной стоимости публичных компаний. Возникновение проблемы неплатежеспособности в одной компании может привести к рискам ликвидности и в других компаниях. Так начинает распространяться кризис. Для недопущения этого и существует раскрытие информации по общепринятым стандартам.

До того, как возникли акционерные компании в XIX в., которые должны были раскрывать информацию, фондовые рынки часто были склонны к махинациям в условиях отсутствия полной информации. То, что относится к банкам, также относится и к другим финансовым институтам, таким как страховые компании и инвестиционные фонды, которые должны раскрывать качество своих активов. Эти учреждения не нуждаются в регуляторах. К примеру, если бы банк Lehman Brothers раскрыл свои позиции на ипотечном рынке США, а Королевский банк Шотландии опубликовал данные по облигациям Lehman Brothers, которые он держал в своем портфеле, то тогда можно было предположить, что шотландский банк опосредованно подвержен рискам ипотечного рынка в США, а Lehman Brothers получил бы повышенный риск от рейтинговых агентств. Рейтинговые агентства также должны лучше выполнять свою работу, вместо того, чтобы раздавать рискованным банкам наивысшие рейтинги ААА. Информационная прозрачность могла бы в корне пресечь кризис субстандартной ипотеки.

---

[59] Kane E.J. Ethical Foundations of Financial Regulation // Journal of Financial Accounting Research. 1997. N. 1. P.18.

Итак, регулирующая парадигма, принятая во всех странах, в применении к банкам и другим финансовым институтам должна быть пересмотрена. Она не прошла проверку временем и ответственна за финансовую нестабильность. Пока не будет признано, что первопричина финансовой нестабильности лежит в информационной области, истоки финансовой нестабильности не устранить.

Следует отметить, что нобелевский лауреат по экономике Дж. Стиглиц по развитию теории рынков с информационной асимметрией не оценил по достоинству практическое применение своих идей. По его мнению, в основе кредитного рационирования лежит несовершенная информация, поскольку кредиторы никогда не смогут полностью узнать об истинных намерениях заемщиков[60]. В этой модели банки выступают в той же роли, что и неинформированные покупатели из примера Акерлофа с подержанными автомобилями, а заемщики аналогичны информированным продавцам. Но проблему можно было бы преодолеть, если бы регуляторы делали доступной информацию, которой они располагают. Это помогло бы искоренить истоки финансовой нестабильности.

Приходим к выводу о том, что провалы регулирования не означают провалы рынка. В настоящее время широко обсуждается необходимость ужесточения регулирования, ибо это спасет мир от пагубного влияния финансовой глобализации. Однако, последний финансовый кризис выявил банкротство модели государственного регулирования финансовой сферы. И свидетельство этого-череда политических и законодательных провалов последнего времени, которые породили бум на рынках вместе с «жадностью» и недальновидностью банкиров и заемщиков при непосредственном участии правительства. Для иллюстрации этого далее обратимся к событиям последнего ипотечного кризиса в США (Вставка 9).

---

[60] См.: Stiglitz J.E., Weiss A.M. Credit Rationing in Markets with Imperfect Information // American Economic Review. 1981. N. 73. P. 339–410.

ВСТАВКА 9

Рукотворный кризис субстандартного ипотечного кредита в США

Едва ли есть более политизированная сфера экономики в США, чем жилищное финансирование. Такие ипотечные агентства, как Fannie Mae и Freddie Mac, были практически освобождены от ответственности за жилищный бум и последующую депрессию. Причина ясна: если бы эти чиновники и институты оказались виноватыми, повестка дня реформирования сместилась бы от «жадных» банкиров и их непомерных бонусов к более широким вопросам: как правительство, расширяя свои полномочия, может привести к плохому поведению частных игроков; как ему определиться, балансируя в своей деятельности между достижением финансовой стабильности и завоеванием широкой политической поддержки; если бы правительство стало «приручать» рынок, не приведет ли это в будущем к еще большим проблемам?

В длительном кредитном и жилищном буме оказались виноваты и банкиры, и домашние хозяйства, и политики, но когда все рухнуло, они стали обвинять друг на друга. После кризиса банкиры повели себя не самым лучшим образом – они первыми получили господдержку, а затем выплатили самим себе огромные бонусы, как будто ничего не произошло. Банкиры таким поведением вызвали шквал критики, и им приписали львиную долю вины, а все остальные стали изображаться невинными жертвами. В результате сложилось мнение, что во всем виноваты банкиры. Но это не вся правда.

Обратимся к утверждению одного из самых влиятельных американских экономистов левого толка П. Кругмена, который считал что закон о местных реинвестициях 1977 г. (The Community Reinvestment Act) не имел никакого отношения к буму субпрайм-ипотеки. Цель принятия этого закона звучала так: запретить проводить красную черту (отказывать в банковских услугах или увеличивать их стоимость для жителей районов с определенным расовым составом), а также поощрять усилия для удовлетворения кредитных потребностей всех членов сообщества, в том числе, жителей районов с низким и средним уровнем доходов.

Правило BB Совета управляющих ФРС предусматривало основные требования, касающиеся соблюдения норм данного закона. Ревизоры, осуществляющие проверку деятельности банка, обязаны рассматривать выполнение им обязательств по удовлетворению потребностей своего района обслуживания, особенно, если районы населены лицами с низкими и средними доходами.

Местной территорией считается прилегающая зона вокруг каждого отделения или группы отделений банка (см.: FRB: Community Reinvestment Act (CRA). URL: http://www.federalreserve.gov/communitydev/cra_about.htm).

Закон о местных инвестициях инструктировал федеральные агентства по финансовому надзору, как поощрять институты, которые они регулируют, удовлетворять кредитные потребности местных сообществ, не нарушая заданные стандарты качества кредитования. На практике это обернулось тем, что займы стали доступны самым бедным, чьи доходы почти на 80% меньше среднего уровня в местном сообществе.

Экономисты, разделяющие взгляды Кругмена, считают, что вышеуказанный закон не сыграл роли в жилищном буме, поскольку был принят в 1977 г., тогда как бум субпрайм-ипотеки последовал только в начале 2000-х гг. Надо учесть тот факт, что Закон стал приводиться в исполнение гораздо позднее. Кроме того, кредиторы, подпадающие под действие Закона о реинвестициях, проходили периодические проверки на соблюдение требований Закона.

Для того, чтобы заставить банки участвовать в этих программах, используется основной инструмент – это полномочия регуляторов на выдачу разрешений на слияния и поглощения. В период бума субпрайма крупные банки стремились к экспансии и поэтому вынуждены были давать согласие на участие. В разгар ипотечного бума (2004–2006 гг.) банки, получившие хорошую экспертизу, старались предоставить еще больше кредитов, а процедура секьюритизации делала более рискованные кредиты (нестандартные) менее дорогими.

Для оценки влияния Закона о реинвестициях на банки Федеральная резервная система опросила 500 крупных коммерческих кредиторов – они оценили затраты, связанные с кредитованием в соответствии с требованиями Акта о реинвестициях. По мнению 82% опрошенных, данное кредитование прибыльно, однако менее выгодно, чем обычное рыночное кредитование, из-за высоких кредитных потерь и низкой цены кредита для семей с невысокими доходами.

Таким образом, банкиры виноваты отчасти. Нужно признать, что в стремлении расширить владение недвижимостью существенные «сдержки и противовесы» сломались. Домашние хозяйства, политики, регуляторы также оказались к этому причастны, поэтому не стоит искать только одних виноватых.

Задачи преодоления последствий кризиса и устойчивого развития финансового сектора решаются в рамках принятия Закона Додда–Фрэнка. Основные его требования были посвящены вопросам corporate governance, compliance, а также информационной прозрачности и правилам консолидированного бухгалтерского учета. Частью закона явилось «правило Уолкера», вводящее ограничения размеров спекулятивных активов на банковском балансе. В 2013 г. в США вступил в силу закон о налогообложении иностранных счетов (FATCA). Его действию фактически придан характер экстерриториальности. В том же направлении развиваются события с применением закона о противодействии коррупции за рубежом (FCPA). Применение его на практике значительно расширилось после кризиса 2007–2009 гг. и приняло экстерриториальный характер.

Примеру Соединенных Штатов последовали все ведущие игроки на финансовом рынке. Страны-члены ОЭСР добились соглашений с офшорными юрисдикциями по полному раскрытию информации о владельцах активов и их доходах с целью пресечения уклонения от налогообложения. Таким образом, усилия по реформе регулирования финансового рынка оказались сосредоточены на нескольких самостоятельных направлениях. Во-первых, укрепление банковской системы, достаточности капитала банков. Принципиальное значение приобретает внутрибанковская система оценки принимаемых рисков и создания резервов. Во-вторых, реорганизация рынков производных финансовых инструментов. Вопрос не сводится к правилам торговли, но включает в себя ряд ограничений для финансовых учреждений на участие в сделках с такими инструментами. В-третьих, самостоятельное значение приобрело обсуждение вопросов налогообложения финансовых операций и доходов от них.

Рисунок 9. Финансовая глобализация развитых и развивающихся стран (совокупные активы и обязательства, в % ВВП мира)

Источник: Elson R.A. Governing Global Finance: The Evolution and Reform of the International Financial Architecture. New York, 2011. P.13.

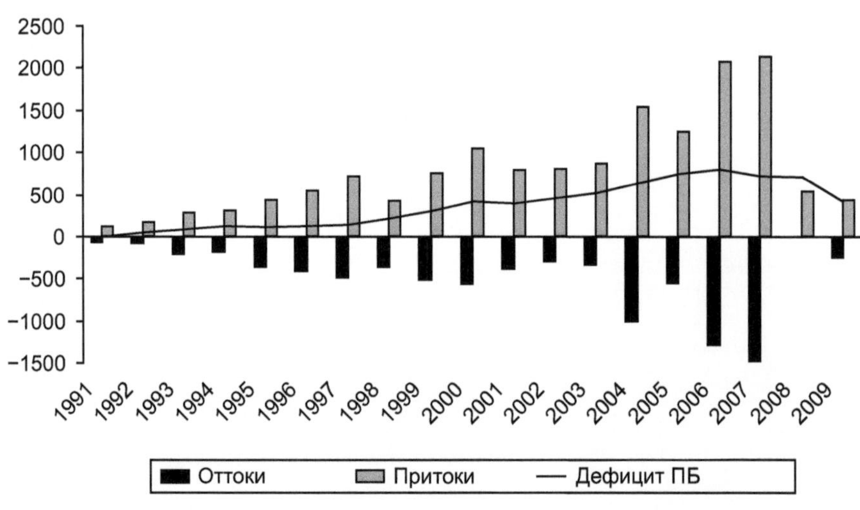

Рисунок 10. Валовые потоки финансовых средств и дефицит текущего платежного баланса в США, в млрд долл.

Источник: Elson R.A. Governing Global Finance: The Evolution and Reform of the International Financial Architecture. New York, 2011. P.130.

ЗАКЛЮЧЕНИЕ

Рыночная экономика во второй половине XX в. был во власти финансов, и даже еще раньше, в XIX в., когда финансы «прельщали» промышленный капитализм, именно в них видели источники расширенного воспроизводства. Адам Смит в свое время негативно отзывался о ростовщиках, но в последующем к ним было более терпимое отношение вследствие быстрого роста финансовых рынков (рис. 9) и их содействию развитию торговли и промышленности.

От Веблена до Кейнса и далее Мински и его последователи критиковали финансы за то, что они ответственны за финансовую нестабильность (рис. 10). Институциональные формы, через которые развивалась капиталистическая система, стали решающими факторами в развитии критического взгляда на финансы.

Чем с большим блеском процветали финансовые институты на фоне всех остальных, тем больше укоренялась вера, что с их помощью можно решить многие проблемы. Тем паче, они являлись поставщиками кредитных ресурсов на финансовые рынки.

Ту значимую роль, которую играли финансы до Первой мировой войны стало причиной их резкой критики Торстейном Вебленом. В рамках капитализма Веблен противопоставлял две группы: бизнесменов, занятых в основном спекулятивными операциями, и технических специалистов, без которых невозможно функционирование «индустриальной системы».

Первую группу Веблен рассматривал как реакционную и вредную для общества и считал необходимым отстранить ее от материального производства. Веблен предлагал передать руководство хозяйством и всем обществом производственно-технической интеллигенции. Автор выступал с резкой критикой капитализма, финансовой олигархии, праздного класса[61].

Институциональный фактор стал основным элементом в теории марксизма по финансовым вопросам как имеющим подчиненное значение от социально-политических из-за того, что её развитие происходило раньше появления финансовых рынков. И свой материал они черпали из опыта становления центрально-европейской модели финансов с опорой на банки[62].

К началу 1930-х гг. финансы стали неотъемлемой частью экономической теории. «Финансовая репрессия», которая последовала после краха 1929 г., ускорила появление «денежного» взгляда на экономику, в которой финансы отсутствуют или выполняют пассивную роль и имеет значение только денежная политика. В неоклассической экономике это воплощено в системе уравнений всеобщего равновесия денежного рынка (LM) и реальной экономики (IS), с дальнейшим развитием теории равновесия с монетарных позиций, таких, как теория Тобина «q»[63].

---

[61] См.: Veblen T. The Captains of Finance and the Engineers (1921). Kitchener: Batoche Books, 2001.

[62] В третьем томе «Капитала» К. Маркса «фиктивному капиталу» посвящена 15-страничная глава, составленная в основном, из высказываний банкиров, газетных публикаций, которые описывают лишь легальные процессы деятельности банков. См.: Маркс К. Капитал. Критика политической экономии. Т. 3. М., 2011.

[63] Джеймс Тобин разработал так называемую теорию q, которая объясняет, как монетарная политика может влиять на экономику через курс акций. Тобин определил q как рыночную стоимость фирм, разделенную на восстановительную (балансовую) стоимость капитала. При низком q фирмам не выгодно тратиться на приобретение капитального оборудования, а выгоднее купить готовую фирму. Экспансионистская денежная политика приводит к росту курса акций и росту инвестиционных расходов (вместе с ростом q). См.: Tobin J.A. General Equilibrium Approach to Monetary Theory // Journal of Money, Credit, and Banking. 1969. N. 1. P. 15–29.

Озабоченность достижением имманентного рыночной экономике общего равновесия не стояла на повестке дня в период 1950–1960-х гг., когда правительство в капиталистических странах было способно стабилизировать свою экономику методами денежной и фискальной политики, а публичный сектор рассматривался вне сферы влияния финансовых рынков.

В любом случае, после Второй мировой войны с более пассивной финансовой системой, критически настроенные теоретики финансов (такие, как Киндлебергер или Гэлбрейт) объясняли свои взгляды, апеллируя к прошлому капитализму. Даже последний в XX в. из критиков финансов, Мински, начал свое рассмотрение с исторического вопроса: «А может ли «это» произойти опять?» (под «этим» подразумевалось скатывание в депрессию, последовавшей после краха 1929 г.) прежде, чем возвышение финансов в 1960-е гг. заставило его переосмыслить идеи Кейнса.

Мински стал наиболее известным экономистом который включил в свое исследование механизм, с помощью которого финансы могут разрушить экономику. Мински использовал идеи М. Калецкого по теории бизнес-цикла. Основной концепцией, которую он заимствовал из работ Калецкого, была концепция растущего риска, которая встречается еще ранее в работах коллеги Калецкого-Марека Брайта. Идея в том, что основное условие для инвестирования и поддержание стабильности бизнеса – это состояние внутренней ликвидности компании, а не внешние финансовые и денежные условия.

Это было подтверждено на примере финансовых кризисов в странах СФР в последние два десятилетия XX в. Кризис в них происходил на фоне благоприятных финансовых условий – притока капитала, удовлетворительного состояния бюджета правительства и валютных резервов.

Однако большинство экономистов, в т.ч. и последователи монетаристов и неокейнсианцев, считали, что причиной кризисов был провал политики этих стран, а вовсе не финансовые рынки. Основные теории игнорировали механизмы, ответственные за финансовый кризис и вместо этого предлагали модели, описывающие поведение экономических переменных во времени. В последние годы сложность математических и статистических методов, используемых в моделях, чрезвычайно возросла. Но это ни насколько не приблизило к пониманию причин финансового кризиса и его роли в экономической динамике.

Это потому, что система уравнений должна включать много структурных параметров, например, эффекты предельных продаж и прибылей могут быть вполне приемлемыми в период бума, когда компании являются ликвидными. А в период низкой ликвидности или повышенной задолженности эти же изменения могут оказаться критическими для компаний.

Следовательно более глубокое понимание финансовых рынков и институтов, их эволюции в контексте взаимодействия с реальной экономикой, изменение моделей их поведения, необходимы чтобы понять сущность финансовой нестабильности. Без понимания прошлых кризисов, будущие финансовые кризисы неизбежны. Теоретики-экономисты должны проявлять гражданскую позицию и быть более бдительными в отношении разбухания финансового сектора и консультировать практикующих финансистов по вопросам его предотвращения. Цель этой книги – показать различные механизмы нарастания финансовой нестабильности на глобальном и локальном уровнях с тем, чтобы принимать превентивные меры по их предотвращению.

БИБЛИОГРАФИЯ

Бернстайн П. Власть золота. История наваждения / пер. с англ. М.: Олимп-Бизнес, 2004.

Бетмакаев А.М., Юдина И.Н. Политика министерства финансов США в условиях мирового кризиса // Известия Алтайского государственного университета. 2009. №4-4(64). С. 23-26.

Кейнс Дж.М. Общая теория занятости, процента и денег / пер. с англ. М.: Гелиос АРВ, 2002.

Маркс К. Капитал. Критика политической экономии. Т. 3. М.: Эксмо, 2011.

Панорама экономической мысли XX столетия / под ред. Д. Гринуэя, М. Блини, И. Стюарта. СПб.: Экономическая школа, 2002.

Петерс Э. Фрактальный анализ финансовых рынков. Применение теории Хаоса в инвестициях и экономике / пер. с англ. М.: Интернет-трейдинг, 2004.

Сорос Дж. Алхимия финансов / пер. с англ. М.: Диалектика, 2010.

Сорос Дж. Новая парадигма финансовых рынков / пер. с англ. М.: Манн, Иванов и Фербер, 2008.

Супян В.Б. Мировой кризис и перспективы американской экономики // США*Канада: экономика, политика, культура. 2009. № 8. С. 3–17.

Уткин А.И. Глобализация: процесс и осмысление. М.: Логос, 2002.

Berlatsky N. The Global Financial Crisis. Detroit: Greenhaven Press, 2010.

Bernanke B.S. Global Imbalances: Recent Developments and Prospects: Speech at Bundesbank Lecture. Berlin, 2007, 11 September. URL: http://www.federalreserve.gov/newsevents/speech/bernanke20070911a.html

Bernanke B.S., Gertler M., Gilchrist S. The Financial Accelerator in a Quantitative Business Cycle Framework // National Bureau of Economic Research Working Paper. N. 6455, March 1998. URL: http://www.nber.org/papers/w6455.pdf

Bernstein P.L. Against the Gods: the Remarkable Story of Risk. New York: Wiley, 1996.

Calvo G., Talvi E. The Resolution of Global Imbalances: Soft Landing in the North, Sudden Stop in Emerging Markets? // Journal of Policy Modeling. 2006. Vol. 28. N. 6. P. 605–613.

Ciro T. The Global Financial Crisis: Triggers, Responses and Aftermath. Farnham: Ashgate, 2012.

Das D.K. Financial Globalization: Growth, Integration, Innovation, and Crisis. New York: Palgrave Macmillan, 2010.

Donohue L.K. The Cost of Counterterrorism: Power, Politics, and Liberty. Cambridge: Cambridge University Press, 2008.

Elson R.A. Governing Global Finance: The Evolution and Reform of the International Financial Architecture. New York: Palgrave Macmillan, 2011.

Eichengreen B.J. Exorbitant Privilege: The Rise and Fall of the Dollar and the Future of the International Monetary System. Oxford: Oxford University Press, 2011.

Ferguson R.W. U.S. Current Account Deficit: Causes and Consequences // BIS Review. 2005. Vol. 27. URL: http://www.bis.org/review/r050422b.pdf

Financial Crises: Theory, History and Policy / ed. by C. Kindleberger, J.-P. Laffargue. Cambridge: Cambridge University Press, 1982.

Financial Supervision in the 21st Century / ed. by A.J. Kellermann and J.A. de Haan. Springer: New York, 2013.

Fischer S. Summing Up: Presentation given at International Monetary Fund Conference on Global Imbalances. Washington, 2006. URL: http://boi.org.il/deptdata/neumim/neum200e.pdf

Friedman M. Capitalism and Freedom. Chicago: University of Chicago Press, 1982.

Galbraith J.K. Money: Whence It Came, Where It Went. Boston: Houghton Mifflin, 1975.

Gindin S., Panitch L. The Making of Global Capitalism: The Political Economy of American Empire. London: Verso, 2012.

Global Crises and the Crisis of Global Leadership / ed. by S. Gill. Cambridge: Cambridge University Press, 2012.

Globalisation, the Global Financial Crisis and the State / ed. by J.H. Farrar and D.G. Mayes. Cheltenham: Edward Elgar, 2013.

Globalization and Growth: Implications for a Post-Crisis World / ed. by M. Spence and D. M. Leipziger. Washington: World Bank, 2010.

Globalization in the 21st Century: Labor, Capital, and the State on a World Scale / ed. by B. Berberoglu. New York: Palgrave Macmillan, 2010.

Godwin J. Clintonomics: How Bill Clinton Reengineered the Reagan Revolution. New York: AMACOM, 2009.

Greenspan A. Remarks at 21 st Annual Monetary Conference, cosponsored by the Cato Institute and the Economist. Washington, 2003, 20 November. URL: http://www.federalreserve.gov/boarddocs/speeches/2003/20031120

Hetzel R.L. The Monetary Policy of the Federal Reserve: A History. Cambridge: Cambridge University Press, 2008.

Huertas T.F. Crisis: Cause, Containment and Cure. New York: Palgrave Macmillan, 2010.

Huwart J.-Y., Verdier L.V. Economic Globalisation: Origins and Consequences. Paris: OECD Publishing, 2013.

Joyce J.P. The IMF and Global Financial Crises: Phoenix Rising? New York: Cambridge University Press, 2013.

Kalecki M. The Principle of Increasing Risk // Economica. 1937. Vol. 4. N. 16. P.440–446.

Kane E.J. Ethical Foundations of Financial Regulation // Journal of Financial Accounting Research. 1997. N. 1. P.13–29.

Keeley B., Love P. From Crisis to Recovery: The Causes, Course, and Consequences of the Great Recession. Paris: OECD, 2010.

Kindlberger C., Aliber R. Manias, Panics and Crashes: A History of Financial Crisis. Hoboken: Wiley, 2005.

Krugman P. The Chinese Connection // New York Times. 2005. 20 May. URL: http://www.nytimes.com/2005/05/20/opinion/20krugman.html

Krugman P. The Return of Depression Economics and the Crisis of 2008. New York: W.W. Norton & Company, 2009.

Mandelbrot B.B, Hudson R.L. The (Mis) behaviour of Markets: A Fractal View of Risk, Ruin and Reward. London: Profile Books Ltd., 2004.

Merton R.K. Social Theory and Social Structure. New York: Free Press, 1968.

Ministry of the economy, finance and industry, France. Why has France withstood the global economic crisis comparatively well? October 2009. URL: http://www.tresor.bercy.gouv.fr/france_politique_eco/fpe1009_en.pdf

Minsky H.P. The Financial Instability Hypothesis: An Interpretation of Keynes and an Alternative to «Standard» Theory // Nebraska Journal of Economics and Business. 1978. Vol.16. N.1. P. 5–16.

Mishkin F.S. Asymmetric Information and Financial Crises: A Historical Perspective // Financial Markets and Financial Crises / ed. by R.G. Hubbard. Chicago: University of Chicago Press, 1991. P. 69–108.

Mishkin F.S. Housing and the Monetary Transmission Mechanism // Finance and Economics Discussion Series: Working Paper, presented at the Federal Reserve Bank of Kansas City's Economic Symposium, 2007, September 1. URL: http://www.federalreserve.gov/pubs/feds/2007/200740/200740pap.pdf

Mishkin F.S. Lessons From the East Asian Crisis // National Bureau of Economic Research Working Papers, N. 7102, April 1999. URL: http://www.nber.org/papers/w7102.pdf

Motianey A. SuperCycles. The New Economic Force Transforming Global Markets and Investment Strategy. New York: McGraw-Hill, 2010.

National Intellectual Capital and the Financial Crisis in France, Germany, Ireland, and the United Kingdom / ed. by C. Yeh-Yun Lin, L. Edvinsson, J. Chen and T. Beding. New York: Springer, 2013.

Nayak S. The Global Financial Crisis. Genesis, Policy Response and Road Ahead. New York: Springer, 2013.

Obstfeld M., Rogoff K. The Unsustainable U.S. Current Account Position Revisited // Center for International and Development Economics Research Paper C05–145. Berkeley: University of California. 2005, 30 November. URL: http://repositories.cdlib.org/iber/cider/C05–145

Palley T.I. From Financial Crisis to Stagnation: The Destruction of Shared Prosperity and the Role of Economics. Cambridge: Cambridge University Press, 2012.

Posner R.A. Theories of Economic Regulation // Bell Journal of Economics and Management Science. 1974. N. 5. P. 355–358. URL: http://www.jstor.org/discover/10.2307/3003113?uid=3738936&uid=2&uid=4&sid=21102583293101

Readings in Globalization: Key Concepts and Major Debates / ed. by G. Ritze and Z. Atalay. Chichester: Wiley-Blackwell, 2010.

Ritzer G. Globalization: The Essentials. Chichester: Wiley-Blackwell, 2011.

Sarai D. US Structural Power and the Internationalization of the US Treasury // American Empire and the Political Economy of Global Finance / ed. by L. Panitch, M. Konings. New York: Palgrave Macmillan, 2008. P. 71–89.

Stearns P.N. Globalization in World History. London: Routledge, 2010.

Steindl J. Some Comments on the Three Versions of Kalecki's Theory of the Business Cycle // Studies in Economic Theory and Practice: Essays in Honour of Edward Lipinŕski / ed. by N. Assorodobraj-Kula et al. Amsterdam: North-Holland Publishing Company, 1981. P. 125–133.

Stiglitz J.E., Weiss A.M. Credit Rationing in Markets with Imperfect Information // American Economic Review. 1981. N. 73. P. 339–410.

Taleb N. The Black Swan. New York: Random House, 2007.

The Financial Crisis Inquiry Report: Final Report of the National Commission on the Causes of the Financial and Economic Crisis in the United States. Washington: U.S. Government Printing Office, 2011. URL: http://fcic.law.stanford.edu

The Great Credit Crash / ed. by M. Konings. London: Verso, 2010.

The Paradoxes of Globalisation / ed. by E. Milliot and N. Tournois. New York: Palgrave Macmillan, 2010.

Tobin J.A. General Equilibrium Approach to Monetary Theory // Journal of Money, Credit, and Banking. 1969. N. 1. P. 15–29.

Veblen T. The Captains of Finance and the Engineers (1921). Kitchener: Batoche Books, 2001. URL: http://socserv2.mcmaster.ca/~econ/ugcm/3ll3/veblen/Engineers.pdf

Wilentz S. The Age of Reagan: A History, 1974–2008. New York: Harper Perennial, 2008.

Williamson J. A Short History of the Washington Consensus // The Washington Consensus Reconsidered: Towards a New Global Governance / ed. by N. Serra, J.E. Stiglitz. Oxford: Oxford University Press, 2008. P. 14–30.

Wolfson M.H. Financial Crises: Understanding the Post-War U.S. Experience. Armonk: M.E. Sharpe, 1994.

Wolfson M.H. Financial Instability and the Credit Crunch of 1966 // Review of Political Economy. 1999. Vol. 11. N. 4. P. 407–414.

World Economic Outlook: Globalization and External Imbalances. April 2005. Washington: IMF, 2005. P.110–133. URL: http://www.imf.org/external/pubs/ft/weo/2005/01/pdf/chapter3.pdf

ОГЛАВЛЕНИЕ

Printed by Books on Demand GmbH, Norderstedt / Germany